高等教育旅游专业应用型人才培养研究

王天亮 ◎著

中国书籍出版社
China Book Press

图书在版编目 (CIP) 数据

高等教育旅游专业应用型人才培养研究 / 王天亮著 . -- 北京：中国书籍出版社, 2023.12
ISBN 978-7-5068-9713-6

Ⅰ.①高… Ⅱ.①王… Ⅲ.①高等学校 – 旅游业 – 人才培养 – 研究 Ⅳ.① F590

中国国家版本馆 CIP 数据核字（2023）第 234909 号

高等教育旅游专业应用型人才培养研究

王天亮 著

丛书策划	谭 鹏 武 斌
责任编辑	李 新
责任印制	孙马飞 马 芝
封面设计	博健文化
出版发行	中国书籍出版社
地　　址	北京市丰台区三路居路 97 号（邮编：100073）
电　　话	（010）52257143（总编室）　（010）52257140（发行部）
电子邮箱	eo@chinabp.com.cn
经　　销	全国新华书店
印　　厂	三河市德贤弘印务有限公司
开　　本	710 毫米 × 1000 毫米　1/16
字　　数	214 千字
印　　张	13.75
版　　次	2024 年 5 月第 1 版
印　　次	2024 年 5 月第 1 次印刷
书　　号	ISBN 978-7-5068-9713-6
定　　价	82.00 元

版权所有　翻印必究

目 录

第一章　绪　论…………………………………………………………… 1
　　第一节　旅游高等教育及其学历层次概述……………………………… 1
　　第二节　国内外旅游应用型人才培养的反思…………………………… 17
　　第三节　新时期旅游行业人才需求分析………………………………… 27
　　第四节　高等教育旅游专业应用型人才培养目标……………………… 36

第二章　面向应用型人才培养的旅游高等教育课程设置……………… 39
　　第一节　高等教育旅游专业课程体系建设的现状及问题……………… 39
　　第二节　各层次旅游高等教育人才培养目标及课程设置……………… 47
　　第三节　面向高等教育旅游专业应用型人才培养的教材建设………… 61
　　第四节　面向高等教育应用型培养的旅游专业
　　　　　　课程与教学体系改革…………………………………………… 65
　　第五节　建立面向旅游专业应用型人才
　　　　　　培养教学效果评价机制………………………………………… 71

第三章　高等教育旅游专业应用型人才培养模式与方法……………… 82
　　第一节　旅游人才培养模式构建………………………………………… 82
　　第二节　旅游管理人才培养通用模式…………………………………… 86
　　第三节　旅游专业教学方法……………………………………………… 89
　　第四节　高校不同层次旅游教育人才培养……………………………… 93
　　第五节　高等教育旅游专业育才模式的转型和实施…………………… 101
　　第六节　旅游行业人才继续教育培训…………………………………… 103

第四章　高等教育旅游专业应用型人才培养师资队伍建设…………… 109
　　第一节　高等教育旅游专业教师的职业分析…………………………… 109

第二节　旅游专业师资队伍建设现状及不足 …………… 116
　　第三节　旅游专业"双师型"师资应具备的素质 ………… 118
　　第四节　高等教育旅游的专业化师资队伍建设 …………… 123

第五章　产学研视角下高等教育旅游专业应用型人才培养 ……… 136
　　第一节　旅游产业链分析 ………………………………… 136
　　第二节　产业发展与旅游人才需求分析 …………………… 137
　　第三节　"产学研"合作培养旅游专业应用型人才模式 … 144
　　第四节　旅游企业在"产学研"高等教育应用型
　　　　　　人才培养中的角色 …………………………………… 146

第六章　创新创业视角下高等教育旅游专业应用型人才培养 …… 150
　　第一节　高等教育旅游创新创业教育概述 ……………… 150
　　第二节　"创新创业+"人才培养模式构建 ……………… 160
　　第三节　高等教育旅游专业应用型人才创新
　　　　　　创业培养具体措施 ………………………………… 167

第七章　国际化视野下的旅游高等教育应用型人才培养 ………… 176
　　第一节　经济全球化背景下的世界旅游业 ……………… 176
　　第二节　教育国际化的若干理论 ………………………… 181
　　第三节　旅游教育国际化的内涵及意义 ………………… 184
　　第四节　国际化旅游应用型人才培养的理想
　　　　　　模式及实现途径 …………………………………… 186
　　第五节　面向国际、依托行业的办学平台建设 ………… 192
　　第六节　旅游教育国际化未来思考 ……………………… 198

参考文献 ……………………………………………………………… 205

第一章 绪 论

我国旅游高等教育与旅游业的发展相伴而生。改革开放之初,为了解决经济建设中的外汇短缺问题,国家开始大力发展入境旅游,但又存在旅游人才匮乏的问题,因此,与国家旅游业发展的迫切需要相适应,旅游高等教育应运而生。旅游活动日益成为民众生活的重要组成部分,国内游、出境游人数以及消费金额逐年攀升,旅游产业一片繁荣景象。然而,一方面,旅游教育理论研究仍滞后于旅游实践。另一方面,旅游业蓬勃发展对人才的大量需求与高素质的旅游人才供给不足之间的矛盾愈演愈烈。中国旅游高等教育经历了发端、发展到规模扩张之后,如今发展速度放缓、规模趋于稳定甚至有所萎缩,学生的社会认可度及行业内就业率"双低"、专业特色不鲜明、"双师"建设效果不佳等问题日益凸显。因此,探索旅游应用型人才培养问题并提出解决对策具有重要而紧迫的现实意义。

第一节 旅游高等教育及其学历层次概述

一、高等教育概述

(一)高等教育的概念

随着历史的发展以及国民教育制度的不断完善,关于高等教育的定义也在不断完善。但是,由于各国高等教育的情况不同,对高等教育的界定也不一样,在考虑教育制度、培养目标、教学内容上也存在明显的差异性。

《苏联百科词典》对高等教育的界定是,"高等教育是中学教育之后,在高等学校实施的专门教育,是国民科学、国民经济、国民文化中必备的教育形式"。[①]

《中国大百科全书》(1993)中提到,"高等教育是建立于中等教育基础上的各类专业教育的总和。其主要面向培养各种专门人才以及科学研究的任务。教学形式有面授和非面授之分,教学组织是全日制形式或者业余形式"。[②]

《中华人民共和国高等教育法》(1998)对高等教育的定义就非常简单,即"高等教育是对完成中等教育的人实施的教育"。[③]

张念宏在《中国教育百科全书》(1991)一书中是这样界定的:"高等教育是一种专门教育,是在中等教育基础上实施的教育,其主要包括本科、专修科、研究生以及继续教育。"[④]

顾明远在《教育大辞典》(1998)一书中指出,"高等教育是中等教育程度之上的各类、各级教育的通称"。[⑤]

胡建华在《高等教育学新论》(2006)一书中指出,"高等教育是在完成中等教育的基础上实施的学术性教育、专业性教育"。[⑥]

综合上述定义,再加上高等教育的实际情况,可以总结为以下五个要素。

(1)高等教育是一个历史概念,不同时期的高等教育有着不同的内涵。

(2)在举办的机构上,高等教育有很多举办机构,目前主要是大学、专业性或地方性学院以及高等职业技术学院。

(3)在层次上,高等教育有专科、本科、研究生之分,只有修完了相应层次的课程,学生才能获得相应层次的文凭和学位。

[①] 中国大百全书出版社翻译出版.苏联百科词典[M].北京:科学技术文献出版社,1986:1566.
[②] 中国大百科全书出版社编辑部.中国大百科全书教育[M].北京:中国大百科全书出版社,1985:158.
[③] 中国法制出版社编.中华人民共和国高等教育法[M].北京:中国法制出版社,1998:5.
[④] 张念宏.中国教育百科全书[M].北京:海洋出版社,1991:8.
[⑤] 顾明远.教育大辞典[M].乌鲁木齐:新疆人民出版社,2002:578.
[⑥] 胡建华,周川,陈列,龚放.高等教育学新论[M].南京:江苏教育出版社,1995:16.

（4）在入学年龄上，高等教育入学年龄一般为18岁左右。

（5）在教学组织形式上，并不仅限于全日制教育，也可以是非全日制的；可以是学校形式的，也可以是非学校形式的。可见，高等教育的教学组织形式是多样化的。

（二）高等教育的本质

当前，教育界认为高等教育的本质在于"高"与"专"。其中，"高"是指高深的技术、高深的知识、高深的技能；"专"是指专业、专门的学科、专门的职业。

综合来说，就是高等教育的本质是培养高级专门人才的一种教育活动。这也符合"术业有专攻"这一道理，高等教育不可能只是培养通才，而应该培养专才。当然，这也是建立在通识教育的基础上的，通识教育是为专门教育服务的。只有具备通识教育的广博，才能有专门教育的高深。

（三）高等教育的未来趋势

1. 高等教育大众化

高等教育是衡量一个国家教育水平的重要指标，高等教育大众化是时代发展和社会进步的必然结果。

在社会不断发展的背景下，高等教育必然会不断发展和普及，精英教育向大众教育转变是社会发展、高等教育发展的必然结果。社会发展通常会带来阵痛，高等教育实现大众化的过程也是矛盾和痛苦的。高等教育大众化的一个必要途径是改造精英教育体系，改变精英教育体系下的传统教育观念，不再将高等教育看作"象牙塔"，而是使其成为为社会培养优秀人才的基地。

2. 高等教育国际化

高等教育国际化是高等教育发展的必然趋势，随着我国高等教育越来越多地参与国际交流与合作,国际化特征会越来越明显。如果把高等教育当作一个发展过程或趋势,它一般包含这样几方面内容:(1)按照国际承认的教育、学术、管理标准,逐步构建被各国人士普遍接受的高等教育机构和组织;(2)借鉴各国的教育思想、教育措施,逐步形成有利于国际交流、交际、交换的高等教育制度和规范;(3)以所有人员不分国籍、一视同仁的交流为基础,实施跨国的人才培养和科学研究;(4)使高等教育的教育内容和科研实力、科研成果在世界上处于领先地位。也可以把国际化看作是一种结果或状态,即指一个国家的高等教育体系具备了先进性、开放性、国际性(即达到上述四方面的要求)的特征。

需要注意的是,高等教育国际化的概念并不是一成不变的,随着高等教育不断发展这一概念会不断变化,当前高等教育国际化的理念和实践有从传统的、政府主导的国际交流与合作向高等教育产业国际化及高等教育课程跨国服务演变的趋势,后者呈现出高度开放和服务竞争的特点。这在西方发达国家表现得尤为明显。

随着改革开放进程不断加深,我国高等教育领域内的各项国际交流与合作措施不断升级和完善,主要包括人员交换、科研合作、学历互认、面向海外的专业与课程建设等方面的内容,增强了中国高等教育体系的竞争力、吸引力,同时也在改革中积极吸收、借鉴国外的高等教育思想和高等教育制度。目前,在中国高等教育国际化发展的策略下,中外合作办学活动发展较快,已逐渐超越了传统的跨文化人才培养、MBA教育等形式,而向中外合资合股办学、跨国职业培训等产业化方向发展。中国加入WTO后,高等教育界也开始深入研究教育服务领域的全球化和产业化趋势。

二、我国旅游高等教育概述

(一)旅游高等教育的发展简史

中国旅游高等教育发展的历程可以划分为四个阶段,依次是初始阶段、探索性发展阶段、规模化发展阶段和标准化发展阶段。

第一阶段:从中华人民共和国成立至1977年的初始阶段。在这个阶段,我国的旅游业尚处于起步阶段,旅游教育的内容主要是对旅游在职人员的培训。例如,中国国际旅行社在建社之初,一方面邀请苏联的旅游专家来我国进行旅游业务指导,另一方面也选派我国的旅游业务骨干到苏联学习相关的旅行社业务。该阶段的主要特点是:培训的对象为一线接待人员,即宾馆服务员、翻译导游人员和司机;培训的规模比较小,管理人员未接受培训,一线接待人员也未开展普遍培训;干什么学什么,缺什么补什么,培训类型单一,基本属于适应性培训;培训的计划性不强,未形成制度,培训的形式也比较单调。

第二阶段:1978年—1988年的十年探索性发展时期。这一阶段的办学主体是以旅游高等院校和国家旅游教育机构联合开办的旅游系或旅游专业为代表,办学目的是适应我国旅游业从外事接待型向经济效益型的转变,属于人才培养的开拓性工作。当时开设旅游专业的主要有南开大学、北二外、杭州大学、西北大学、上海旅游高等专科学校等高等院校,当然这一阶段属于数量增长的无序发展阶段,学科建设上主要引进国外的教材,在办学的层次上主要以专科职业教育和本科为主。

第三阶段:1989年—1994年的六年规模化发展时期。这个阶段,各级各类高校开始积极注意旅游产业化的发展,并且纷纷开始涉足旅游教育。旅游高等教育开始了办学数量的规模化扩张,在全国范围内"天女散花式"地开办起来。办学的主体主要是高等院校、各省市自治区的旅游局,以及一些旅游研究机构和旅游企业。这个时期,我国高等旅游教材的编著和对国外旅游理论著作的译介工作以南开大学、杭州大学等院校旅游系为代表,形成了指导我国旅游业发展的理论轮廓。旅游学科的发展在层次上从职业教育、专科、本科的探索性阶段延伸到了硕士,大多数院校的硕士培养都是在这个时期开始的。

第四阶段:1995年至今的标准化发展时期。此阶段以注重质量为主,为了给我国旅游高等教育的构建体系提供动力和机遇,旅游业的发展方式开始向质量效益转变。在注重质量的标准化发展阶段,很多综合性大学相继成立了"旅游学院""旅游系"以及旅游研究机构,更加注重教材、师资、教学实施、教育手段等旅游高等教育的内涵因素,以集约方式开始兴办旅游高等教育。这时的旅游办学层次由专科、高职、本科、硕士一直延伸到博士。

（二）我国高等教育旅游专业的类型及学历层次

1. 我国高等教育旅游专业的类型

旅游专业的培养目标应该是致力于培养适应现代旅游业发展的实际需要、符合各类旅游业相关企事业单位工作需要的高素质应用型人才。也就是旅游行业需要什么样的人才，就应该培养什么样的人才。

（1）旅游管理专业

开设课程：经济学、工商管理、旅游管理学、导游业务、导游基础知识、旅游政策与法规、旅行社业务、旅行社管理、旅游地理学、旅游心理学、旅游经济学、旅行社经营与管理、旅游市场营销、旅游英语、旅游会计学、酒店管理学、旅游学概论、旅游文化学、旅游资源开发管理、景点规划与管理、旅游安全学、旅游企业人力资源管理、生态旅游、旅游客源、地区概况、旅游财务管理、旅游项目管理、旅游信息系统、微观经济学等。

本专业属于教育部2012年9月最新颁发的《普通高等学校本科专业目录(2012年)》中的国家控制布点专业，专业代码为120901K。

培养目标：本专业培养适用现代旅游业发展需要，具备较高的现代管理理论素养和系统的旅游管理专业知识，具有人文素质、国际视野、创新意识、创业精神、实践能力和社会责任，能在各类旅游相关企事业单位以及教育和研究机构等从事经营、管理、策划、咨询、服务等工作的应用型、复合型人才。

（2）导游专业

开设课程：管理学基础、旅游经济学、全国导游基础、汉语言文学知识、旅游法规与职业道德、导游业务、旅游历史文化、旅行社经营管理、旅游礼仪、英语导游、旅游市场营销、随行讲解培训课程、地陪导游业务、旅行社计划调度、旅行社综合业务等。

培养目标：培养具有社会主义核心价值观、适应旅游业发展需求的人才；具有财贸人才特色，具备旅游景点讲解、导游服务、旅游管理等方面专业能力；具备团队协作、组织协调、突发问题处理等社会能力和学习、创新能力；培养在旅游业一线从事景区景点讲解、旅行社导游、旅行社综合业务等服务、管理工作的有爱心、讲诚信、负责任的高端技能型旅游人才。

（3）旅行社经营管理专业

开设课程：旅游学概论、旅游经济学、旅游市场营销、旅游资源学、旅行社经营与管理、旅行社财务管理、旅游企业会计基础、旅游法规、导游基础知识、导游业务、景区开发与管理、旅行社（计调、外联、导游等）岗位实习、景点考察调研、毕业论文等，以及各校的主要特色课程和实践环节。

培养目标：本专业培养具有扎实的旅行社经营管理、经济管理和现代商务的理论基础，掌握旅行社业务、信息科学技术方法，具有使用计算机网络开展旅行社业务与商务活动的能力，从事现代旅行社经营管理、电子商务系统开发应用与管理的高素质专门人才。

2. 我国高等教育旅游专业的学历层次

由于旅游专业极具综合性，所以各高校的办学方向不同，教育部颁布的《旅游管理类教学质量国家标准》中的旅游管理专业有四个方向，分别是：旅游管理（120901K）、酒店管理（120902）、会展经济与管理（120903）、旅游管理与服务教育（120904T）。

旅游管理专业属于本专科同名的专业，既有本科层次也有专科层次。专业代码为120901K的旅游管理专业是本科层次，学制是四年，门类是管理学，专业类是旅游管理类，毕业后授予管理学学士学位；专业代码为540101的旅游管理专业是专科层次，学制为三年，专业类为旅游类，大类为旅游大类，无授予学位。

（1）旅游管理本科学历

培养目标：本专业培养适应现代旅游业发展需要，具备较高的现代管理理论素养和系统的旅游管理专业知识，具有人文素质、国际视野、创新意识、创业精神、实践能力和社会责任，能在各类旅游相关企事业单位以及教育和研究机构等从事经营、管理、策划、咨询、服务等工作的应用型、复合型人才。

培养要求：本专业学生主要学习旅游管理方面的基本理论和基本知识，接受旅游经营管理方面的基本训练，掌握分析和解决旅游管理问题的基本能力。

就业面向：从事旅游规划、旅游开发、旅游经营、景区管理、导游、旅游咨询的旅游类企业。

开设旅游管理（本科）专业的院校有：复旦大学、四川大学、东南大学、南开大学、厦门大学、华东师范大学、北京交通大学、苏州大学、东北师范大学、暨南大学、南京农业大学、华中师范大学、郑州大学、中国海洋大学、中国地质大学（武汉）等。

（2）旅游管理专科学历

培养目标：掌握旅游企业运营管理基本知识，熟悉我国旅游业的发展政策方针，了解旅游业的发展动态，具备旅游企业运营与服务、旅行社产品策划和旅游产品销售、旅游信息收集能力，以及较强的沟通和组织计划协调能力。

就业面向：各级旅游行政管理部门、各类旅游企业（旅行社、高星级酒店、旅游景区、旅游电商）、会展企业（会议展览公司、展览中心、会展策划机构），在服务与管理、产品策划与销售等岗位群，从事旅游企业运营与管理、会展策划与管理、旅游产品策划、旅游招徕咨询、旅游产品销售等工作的高素质技术技能人才。旅游类企事业单位：酒店、景区景点、旅行社服务与管理，旅游规划策划，旅游开发与旅游市场营销，会展服务与管理。

开设旅游管理（专科）专业的院校有：内蒙古农业大学、东北石油大学、内蒙古师范大学、赣南师范大学、桂林理工大学、新疆师范大学、河南科技学院、黄冈师范学院、滨州学院、枣庄学院、泰山学院、齐鲁师范学院、九江学院、上饶师范学院、山东管理学院等。

（3）旅游管理专业硕士学历

旅游管理硕士专业学位（MTA，Master of Tourism Administration）是教育部从2010年开始设立的旨在培养旅游及其相关产业高层次应用型人才的教育项目。MTA主要招收具有一定实践经验，并在未来有意从事旅游相关工作的管理人员，其目标是培养具有社会责任感和旅游职业精神、掌握旅游管理基础理论、知识和技能，具备国际化视野和战略思维能力、敢于挑战现代旅游业跨国发展的高级应用型旅游管理人才。

旅游管理专业是研究旅游规划、旅游运营和旅游市场等方面的学科，旅游管理专业硕士培养具备较高的理论修养和实践能力，能够在旅游企业、旅游景区、旅行社、政府旅游部门等各种组织中从事管理、规划、运营和营销等工作的高级专门人才。

旅游管理专硕课程设置通常包括旅游经济学、旅游市场学、旅游企业管理、旅游规划与开发、旅游法律与政策、旅游资源与环境保护等内容。学生在学习期间还需要完成毕业论文或实践项目，以展示自己在旅游管理领域的研究能力和实践能力。

通过攻读旅游管理专硕，学生可以深入了解旅游业的核心理论和实践，掌握旅游管理的各个环节，提升自己的综合素质和管理能力。毕业后，他们可以在旅游企业、旅游景区、旅行社、酒店管理、政府旅游部门等领域找到就业机会，开展旅游规划、旅游经营、旅游市场推广等工作。

三、国外旅游高等教育概况

国外旅游高等教育已经形成了比较完善的体系，其发展历程大致可划分为以下三个阶段：

第一阶段：20世纪70年代以前，旅游专业教育处于初级阶段。主要是由旅游企业和旅游机构自发组织的旅游初级培训教育，强调实践性和应用性，几乎不涉及理论方面的研究。

第二阶段：20世纪70年代至80年代，这是形成阶段。政府和教育机构相继开始介入旅游专业教育，旅游高等教育逐渐形成。

第三阶段：20世纪80年代以后，是快速发展阶段。随着旅游业的高速发展，旅游教育得到进一步完善，逐渐形成了多层次、多学科视角的教育体系。

由于世界各地区、国家旅游高等教育的发展背景不同，起步有早晚，因此具体发展的时间段也会略有不同。

（一）欧洲地区旅游高等教育的发展

1. 发展历程

旅游教育最先始于欧洲，在20世纪70年代以前，很少或者几乎没有高等教育机构涉足旅游教育，欧洲保守的教育理念使得其发展一直十分缓慢，再加上欧洲的商人也不是很看好旅游行业，所以在当时的欧洲，所谓的旅游教育基本上是职业培训性质的。这类旅游培训通常操作性比较强,但在重视实践的同时脱离了必要的理论支撑。到20世纪70年代,欧洲有学者认为职业培训也应该与正规的旅游教育相结合。随着欧洲旅游业发展加快,行业竞争加剧,对旅游从业人员的素质要求也越来越高,一些社会性的培训学校应运而生,开始设置管理及服务接待相关方面的理论课程。[①]到20世纪80年代,欧洲的旅游市场发展更加迅速,旅游目的地不断增多,只凭单一的服务和管理技能已经无法驾驭日益庞大的旅游市场,市场的不确定性和多样性迫切要求新型综合性管理人才的产生。正是在这样一种市场背景下,欧洲的高等教育机构才认识到发展旅游专业教育的必要性,旅游学也开始不断地向其他学科领域渗透,并且建立了从职业教育一直到研究生教育的旅游教育体系,旅游高等教育开始迅猛发展。

2. 发展现状

欧洲是世界旅游教育的起源地,而瑞士又是欧洲旅游教育的始祖,从1893年洛桑酒店管理学院的创建至今已有100多年的历史,现已形成了比较完善的专业体系,并成为世界各国发展旅游高等教育观摩仿效的对象。瑞士的旅游高等教育主要侧重于酒店教育,比较典型的是洛桑酒店管理学院和理诺士酒店管理学院。与其他国家不同的是,瑞士的酒店管理学院都是由成立于1882年的瑞士酒店协会(SHA)创立的,该协会是代表瑞士酒店业的官方组织。行业协会在瑞士酒店管理教育中发挥着十分重要的作用,除了酒店协会,著名的还有瑞士酒店学校协会和英语教学酒店学校瑞士协会等,这保证了学校与行业的密切联系。协会允许各旅游学校加入,但有严格的准入标准,这在一定程度上保证了协会的质量。

瑞士的酒店管理教育之所以举世闻名,与其严格的专业管理、合理的课程设置以及优质的教学水平是分不开的,尤其是重视理论与实际相结合。洛桑酒店管理学院实行严进严出制度,对于申请入学的人有一定的准入要求:一是申请者必须有中学毕业证书,二是要在酒店或餐馆连续工作过一年的证明,在其亲属开办的酒店餐饮部门的工作证明则被视为无效。这一点在世界各国的大学中是少有的,但保证了入学新生的质

---

① 徐红罡,张朝枝.中外旅游教育比较分析与启示[J].旅游学刊,2004(S1):26-30.

量。另外,在该校任职的教师都经过了严格的筛选,绝大部分都有在酒店长期工作的经验,还有不少担任过高层管理者的职务,同时学校还允许教师挂职锻炼,保证他们理论与实际相结合。学院的实践课包括操作练习课、模拟分析课以及研究调查课。

理诺士酒店管理学院是瑞士第一所用英文教学的酒店管理学院,学生入学之后将进行语言考试,测试未通过者将被转入语言班,合格者则进入一年级进行专业学习。在课程设置上,理诺士酒店管理学院将理论课和实践课、校内实习和校外实习交替进行,学院规定:"一、二年级学生必须在校内隔周完成同等课时的实践课,且必须完成四至五个月的本年级所学专业知识相关的实习,才能升入高年级继续学习。"[①]除严格的教学制度之外,理诺士学院还推行"双重学分制",学生在校期间不仅要完成规定的课程学分,还必须具有"良好"以上的操行等级。"学生每学年的操行满分为6分,一旦操行分低于4分,该学生将被自动取消期末考试的资格,情节严重的还将被立即除名。"[②]双学分制确保了学生在校期间养成良好的职业素质和习惯。另外,理诺士也十分重视师资队伍的建设,从教的教师都是集行业经验与高学历于一身的高资质师资。由此看出,瑞士旅游高等教育非常重视理论与实践的结合,也特别注重培养学生的职业意识。

(二)北美地区旅游高等教育的发展

1. 发展历程

在北美地区,美国的旅游教育比较典型,美国的旅游高等教育始于1922年康奈尔大学设立酒店管理学院并开设旅游接待学位课程。1940年以后,美国的酒店数量急剧攀升,对酒店人才的需求也变得迫切,培养酒店管理人才的旅游院校开始涌现。但在发展初期,美国的旅游教育也和欧洲一样,内容主要以普通的业务操作技能为主。20世纪60年代

---

① 王建平,崔凯.对瑞士理诺士酒店管理学院的考察及启示[J].职教通讯,2002(9):57-59.
② 王建平,崔凯.对瑞士理诺士酒店管理学院的考察及启示[J].职教通讯,2002(9):57-59.

以后,随着美国旅游产业的迅速发展,旅游高等教育也加快了发展的步伐,旅游专业教育开始出现在各大高等院校,例如普渡大学的酒店与旅游管理系、内华达大学酒店管理学院、伊利诺伊大学休闲研究系等。"到20世纪80年代初,美国设有旅游专业的高等院校有75所,中等学校300所,到20世纪90年代各类旅游学校多达2000多所,其中设有本科以上旅游专业的大学有280所左右"[①],旅游教育开始朝着高层次的方向发展,内容涉及多个相关领域,学科体系也开始日渐成熟和完善。

2. 发展现状

美国的旅游高等教育体系大致可分为这么两类:一类是职业教育,主要针对实际操作人员,比较重视技能的培训,学制一般为两年,以职业技术学院为主;另一类主要培养管理人员,重视理论知识的传授,一般为学制四年的本科教育和学制两到三年的研究生教育。

美国高等旅游职业院校以培养具有敬业精神和服务意识的人才为目标。除了职业技术学院之外,一些比较有名的综合性大学也开办了旅游职业教育,如康奈尔大学的酒店管理学院等。美国的旅游本科教育大致分为两类:一类是酒店餐饮为主的服务管理类,一类是旅游资源和景观为主的开发管理类。前者最具代表性的是普渡大学旅游与酒店管理系和内华达大学拉斯维加斯分校酒店管理学院,后者最具代表性的是得克萨斯州大学游憩、公园与旅游学系和伊利诺伊大学休闲研究系。美国大学的旅游学科分类比较多样化,这点从院系的命名当中就能看出来,这是因为"美国的旅游教育最早直接由大学的学历教育介入,不同的大学有着不同的背景"[②],所以各个大学的研究都有各自的侧重点,课程设置也体现了多样化的特征,但又不偏废旅游教育最基本知识的传授。

美国旅游高等教育中的一大特色就是校企结合,例如希尔顿酒店集团和休斯敦大学合作创办的希尔顿酒店管理学院就是一个很好的典范。一方面,企业可以把自己的管理和经营理念直接转化到学校的专业教学

---

① 傅桦,吴雁华.旅游教育与就业[M].北京:中国环境科学出版社,2008:106.
② 徐红罡,张朝枝.中外旅游教育比较分析与启示[J].旅游学刊,2004,(S1):26-30.

第一章 绪 论

内容当中去,为公司培养对口人才;另一方面,企业之间往往竞争比较激烈,他们希望学校能为他们提供一定的理论支撑,因此,"往往是某一院校成为某一企业的理论思想库,从理论和人才输送上保持着与企业的密切联系"[①]。

美国旅游高等教育的课程内容主要是以旅游行业的发展变化为依据来设计的,因此具有很强的前瞻性。在师资储备方面,担任旅游教育教学工作的教师大多在实际的旅游行业或者相关部门任过职,他们不仅有扎实的理论基础还有丰富的实践经验,通过生动形象的案例教学,将学生置身于情境当中去发掘问题和解决问题。另外美国的旅游高等教育也特别重视学生应用能力的培养,一般的餐旅院校都有完备的教学实践基地,同时有600—1300小时不等的社会实践要求。

相比之下,美国旅游专业研究生教育的历史要短一些,所设置的学位大致有这么几种:工商管理硕士(MBA)旅游管理方向、旅游管理硕士(MPS等)、酒店管理类硕士、其他与旅游或酒店管理相关的硕士学位。"由于不同类型学位的培养方向不同,要求不同,如 MBA、MPS 强调实用性,而 MS 则注重理论研究能力的培养,两者在课程设计上有显著的不同。"[②]

总体说来,美国的旅游高等教育大致呈现这么几个特点:一是各层次培养目标明确,二是学科设置多样化,三是走产学研一体的办学道路,四是重视学生实际应用能力的培养,五是师资队伍专业化程度高。

(三)亚洲地区旅游高等教育的发展

1. 发展历程

在亚洲,比较典型的是日本。日本正式的旅游高等教育起步于20世纪60年代后期,以1967年日本立教大学旅游系的设立为标志,这是日本第一所设有四年制本科旅游教育的大学。虽然之前也有教育机构开设旅游课程,但为数不多且质量不高,只有一些短期大学和专科学

[①] 赵杰.我国旅游高等教育现状与对策研究[D].中国地质大学,2006:36.
[②] 田里,马勇,杜江.中国旅游管理专业教育教学改革与发展战略研究[M].北京:高等教育出版社,2007:119.

校。在短期大学中,比较有代表性的是创立于1963年的东洋大学短期大学酒店旅游学科和创立于1967年的大阪成蹊女子短期大学旅游学科。专科学校中比较有名的是创立于1935年的东京YMCA国际酒店专科学校,这是日本最早的酒店学校。20世纪70—80年代是日本旅游教育发展的稳定阶段,70年代初,日本的出境旅游人数出现一个高峰,但之后由于受到两次石油危机的影响,出境旅游人数的增长水平开始减慢,在1979年甚至开始出现负增长,同时入境旅游也开始低位增长,在这一时期,"日本立教大学率先于1973年在社会学部社会学研究科应用社会学方向开设了旅游学博士前期课程"[①],在它的带动下,日本其他大学也开始试图设立一些和旅游有关的学科课程,如横滨商科大学于1974年在商学部设立了贸易旅游学科。20世纪80年代后半期开始,日本的旅游业进入了大发展时期,旅游教育也迅速发展。受当时《度假区法》的激励,设立旅游专业的学校越来越多。到了20世纪90年代,旅游行业的发展给旅游教育界提出了更高的要求,日本旅游教育的发展开始迈入高层次,旅游高等教育越来越活跃,设立旅游专业的大学也随之增多。

2. 发展现状

日本的旅游教育从起步至今已有近六十年的发展历史,目前已经形成了从职高到研究生的完整的教学体系,其中旅游高等教育包括专科、短期大学、本科以及研究生教育。

旅游高等教育在日本一直没有引起太大的重视,高等旅游院校多数以专科和短期大学为主,国立大学很少涉足旅游专业,直到20世纪后期这种情况才有所改观。2003年日本实施"观光立国"战略,开始高度重视旅游业的发展,国立大学也开始积极加入发展旅游高等教育的队伍。日本对高校旅游学科的设置有着比较严格的审批制度,这一点对保证日本旅游高等教育的质量起了一定的作用,避免了走遍地开花又无特色的外延式发展道路。立教大学是日本最早开始四年制本科旅游教育的大学,其旅游高等教育在日本一直处于领军地位,可以说在一定程度上代表了日本旅游高等教育的发展方向。"其旅游学部毕业生的就业率在日

---

① 凌强. 日本旅游教育新特点探析[J]. 日本问题研究,2006(4):40-44.

本经济普遍不景气的情况下,一直保持着较高的水平,2004年旅游学部总体就业率达到96%,这是一个很高的数字。"[1] 该校旅游学部的教师专业素养都很高,知识面涉及旅游的各个方面,很多教师都是兼具理论和实务经验的专家。在课程设置上,立教大学强调"厚基础、宽口径",使学生毕业之后能够适应更广泛的工作领域,这就是立教大学毕业生就业率高的关键所在。国立大学方面,比较突出的特点就是走国际化办学道路,"与欧美各国相比,日本旅游研究比较落后,如果按照常规模式发展将会丧失良机。所以,各大学纷纷加强与世界知名大学之间的联系,开展旅游教育的国际交流与合作,走联合办学的发展道路,力争短期内实现跨越式发展,迅速把日本旅游教育提高到国际水准"[2]。例如,琉球大学和美国夏威夷大学签订了联合办学协议,和歌山大学也曾访问我国东北财经大学,双方就如何办好旅游高等教育的问题进行了探讨。

(四)澳大利亚旅游高等教育的发展

1. 发展历程

澳大利亚的旅游教育起步相对要晚一些,20世纪70年代才起步,是伴随着入境旅游的发展而发展起来的。1974年澳大利亚开设了第一个旅游接待专业,专门来培养这方面的人才,1984年专业数目又上升到5个,1989年达到15个,目前,澳大利亚在大学所设的旅游专业数目已经超过了50个。[3] 澳大利亚旅游高等教育的迅速发展很大一个原因要归结于飞速发展的澳大利亚旅游业。入境游客的大幅增长给澳大利亚旅游业带来了深远的影响,面对如此大的机遇和挑战,澳大利亚开始重视旅游业的发展,高等院校也纷纷顺应潮流开设旅游专业。

---

[1] 王鹏飞,傅桦.日本高等旅游教育的专业课程设置与就业——以立教大学旅游学部为例[J].旅游学刊,2005(S1):51-56.
[2] 凌强.日本旅游教育新特点探析[J].日本问题研究,2006(4):40-44.
[3] 傅桦,吴雁华.旅游教育与就业[M].北京:中国环境科学出版社,2008:135.

2. 发展现状

"2001年,全国发展到50个大学旅游专业,主要分布在新兴的大学里,学术性强的资深大学很少开设旅游专业。"[①] 澳大利亚大学旅游教育可划分为"旅游接待"专业与"普通旅游"专业,通过调查发现,接待与旅游专业可以分为以下四种类型[②]:

(1)单一重心类。这一类一般以接待/旅游为学习重点,并在学位名称中体现这一重心,如澳大利亚国际酒店学校的酒店管理本科专业。

(2)双重心类。其学位名称中一般不含有旅游或者接待的字样,但在授予时会突出这一方向,如昆士兰大学的商业管理(旅游管理)本科专业。

(3)基本上是非旅游性质。这一类专业学习的重心不在旅游方面,但课程当中会包含与旅游相关的专业课程(6门左右),如阳光海岸大学的商业管理(含旅游管理课程)的本科专业。

(4)非旅游性质,但有一些与旅游专业相通的内容。如在城市规划专业中开设一些和旅游专业相关的选修课程,但学位授予时基本不体现旅游性质,此类专业一般不归入正式的旅游专业统计调查。

澳大利亚大学的旅游教育十分重视学生实际能力的培养,以澳大利亚国际旅馆学校为例,"学生学习营销课程时,教师要求学生去火车上调查餐饮销售状况,分析销售状况不佳的原因并提出对策;学习酒店培训课时,教师要求学生自选课题,对该校高华庄酒店的员工上一次培训课"[③]。另外,该校提供的专业实践也很多样化,主要分校内见习与校外实习,校内见习主要在该校高华庄酒店实习,见习的时候实行轮岗制,让学生获得全方位的实践经验,其间还有专门的教师和酒店的员工对其进行指导,见习完毕后就进入校外实习阶段,见习相当于完成一些小作业,而实习则正式划入学期课程的考核。校外实习分为经营性实习和管理性实习,通过两种不同性质的工作实习,使学生的实际操作和应对能

---

① 傅桦,吴雁华.旅游教育与就业[M].北京:中国环境科学出版社,2008:136.
② 史提芬.史密斯,丁培义.澳大利亚大学旅游教育起源发展困难与前景[J].北京第二外国语学院学报,2001(1):24-31.
③ 陈肖静.转变旅游教育观念,培养跨世纪创新人才——澳大利亚国际旅馆学校的启示[J].旅游科学,2000(3):40-42.

力明显加强。

澳大利亚大学的旅游教育在专业设置上也和美国一样很具前瞻性。1998年受亚洲金融危机影响,国际旅游业开始出现了负增长,但澳大利亚的旅游业却迅速发展并远远超过了国际旅游业发展的平均水平。其原因在于澳大利亚紧紧抓住举办悉尼奥运会的契机,积极培养体育类旅游人才。例如南十字星大学于1999年开设了体育旅游管理专业,及时为悉尼奥运会的开展储备了人才;此外,随着众多国际性社会、文化和体育活动以及诸多大型会展场所的蓬勃兴起,该校又于2004年适时地在黄金海岸校区开设会议和项目管理课程。

政府的保障与支持在澳大利亚旅游高等教育的发展过程中也起了举足轻重的作用。1992年,在澳大利亚旅游部和澳大利亚研究局的大力支持下,澳大利亚高校旅游与接待业理事会正式宣告成立。此外,在澳大利亚政府的支持下还成立了澳大利亚旅游常务理事会并且每年组织研讨会。"现澳大利亚政府又成立了国际酒店与旅游精英教育中心(THEICE),主要目标是确立酒店与旅游教育方面的世界顶级标准,通过国际专家评估小组促进酒店与旅游教育的发展,同时提供酒店与旅游教育的战略咨询。"[1]

由此可见,课程设置以行业为导向、理论紧密结合实际以及政府的保障与支持是澳大利亚旅游高等教育的三大法宝。

第二节　国内外旅游应用型人才培养的反思

旅游教育起源于20世纪40年代的欧洲,伴随着旅游业在全球范围内的蓬勃发展,旅游高等教育也实现了长足发展。在探讨国内外旅游高等教育应用型人才培养模式现状及经验基础上对两者加以比较研究,希望借鉴国外成功经验,推进我国旅游高等教育应用型人才培养模式的改革优化。

---

[1] 沃斌峰.澳大利亚旅游教育特色及启示[J].科技信息,2007(22):30-31.

一、国外旅游高等教育应用型人才培养的特点

纵观全球,由于各国旅游业发展水平和旅游产业地位的不同,加上对旅游业的重视程度和管理模式的不同,因此各国旅游教育的形式和方法也不尽相同,在旅游高等教育方面,最具代表性的是美国、瑞士和澳大利亚三个国家。

(一)美国

在美国,旅游高等教育很受重视,美国的白宫旅游政策委员会负责制定国家的旅游发展政策,设有专门的旅游管理部门,旅游管理的其他职能则主要通过市场和产业政策由教育研究机构、企业和行业协会来进行引导。在美国,行业协会是旅游教育方面的重要执行者,尤其是美国酒店业协会(AH&LA),酒店经理人员的培训及资格主要由这个部门来进行认证。在世界各地 1400 多所大学、高中以及职业技术学校都一直广泛使用该协会出版发行的酒店管理学方面的教科书。美国酒店业协会下属的教育学院(Education Institute,简称 EI)是世界上最优秀的培训及教育机构之一,它不仅为酒店管理者提供学历教育,更重要的是为酒店很多重要位置颁发资格认证,而且该学院颁发的资格证书在全球酒店业内享有最高的专业等级。

美国十分重视旅游高等教育还表现在,为了保证旅游专业教学拥有良好的教学条件,联邦或州政府会给予必要的政策和经济支持。美国很多旅游院校都拥有最新一代或最高水平的教学设备和实验室条件,一般企业根本难以具备。

美国旅游高等教育的特点如下:

1. 基于旅游市场需求灵活设置课程

美国旅游高等教育具有很强的针对性,主要是根据旅游行业的发展态势来设计课程,课程设置注重学生个性发展,适应社会需求,设置灵活多样,大部分专业课程实行选修制,自由选修课占三分之二,基础理论知识的课程只占三分之一。为了让学生对旅游市场的发展态势深入

了解,学校紧密结合旅游行业的发展,很多选修课的内容设置都紧跟旅游业的发展步伐进行,因此学生能够适应旅游人才市场的需求,不断补充自身所需知识,加强自身能力锻炼。

2. 注重校企合作办学

美国的旅游高等教育走产、学、研一体的办学之路,校企结合是其鲜明的办学特色。一方面学校与企业适应市场经济发展的需要,紧密结合,培养适销对路的人才。例如美国的希尔顿酒店管理学院,由希尔顿酒店集团和休斯敦大学合作创办,希尔顿酒店把自己的管理和经营理念直接转化到休斯敦大学日常教学当中,而大学也将希尔顿酒店发展过程中遇到的问题作为科研课题来进行研究,研究出的科研成果又应用到酒店的发展中,学校通过企业参与的方式直接为企业培养人才。同时学员也可以对企业的战略规划方案作可行性分析,参与到企业的发展规划战略中。校企合作可以给企业的发展带来巨大的帮助,让企业得到实惠;校企合作也能够为旅游院校的旅游人才提供实习的基地,提高学生的实践能力。美国旅游高等教育的校企结合表现的另一方面是结合市场竞争,学校与企业合作研究管理与营销策略。往往使某一院校成为某一企业的理论思想库,从理论和人才输送上保持着与企业的密切联系。

3. 优化组合旅游师资团队

美国旅游高等教育的专业师资,要求由专职教师和兼职教师共同组成,学校要求专业教师有从事过旅游业务和旅游企业管理的相关经历。专职教师要求在旅游企业中经受过实际锻炼,具有丰富的实践经验。兼职教师则主要是由行业专家和企业家组成。美国的旅游高等院校为了保证能够培养社会需要的旅游人才,拒绝缺乏实战经验的理论家。美国的旅游高等院校专业教师能够很好地将理论与实践相结合,一方面会把企业中遇到的问题作为科研课题来进行调查研究,其研究结果能够解决企业的实际问题,促进企业的进一步发展;另一方面,教师也会把行业和企业的最新信息带进课堂,开阔学生的眼界,也提高自己的教学水平。例如,美国夏威夷大学《酒店管理》课程的讲授者杰克·福特教授,他曾经在酒店任总经理25年,具有丰富的实践工作经验。在美国的旅游高等教育中,这种半是学者半是行业专家的教师在校企结合中起了非常重要的作用。

（二）瑞士

欧洲是世界旅游教育的起源地,瑞士又是欧洲旅游教育的始祖,瑞士旅游高等教育以酒店教育为主,是世界上最早开展正规酒店教育的国家,并且拥有多所世界一流的酒店和旅游管理学院。洛桑酒店管理学院作为瑞士旅游高等教育改革的成功典范目前已经有一百多年的发展历史,已形成了非常完善的专业体系,并已成为世界各国发展旅游高等教育观摩仿效的对象。

瑞士的酒店管理教育培训特点如下：

1. 以店为校育人

店校合一是瑞士旅游高等教育的一大特点,大部分旅游高等院校都拥有自己的酒店,甚至有些学校本身就是一家酒店。工学结合是学校培养人才的教学模式,学院将酒店的日常运行与管理融入教学之中,教师与学生都有双重身份,教师不仅是学校的教师同时也是酒店的各级管理者,学生不仅是学校的学生而且也是酒店的员工,在教学和学习过程中,双方都能够完全做到以酒店的实际标准来严格要求自己。

2. 重视理论与实践的结合

瑞士的洛桑酒店管理学院对于入学者提出一定的要求,要求入学者有在酒店或餐馆连续工作过一年的证明,保证了入学新生的质量。在日常学习过程中,除了学习接待服务等各种理论课,更为重要的是要在校内的餐厅、寝室、厨房等实习地点进行现场操作演练,每学完一门课程,都要通过课程实习来巩固和加强理论学习的效果,以培养管理意识。

瑞士旅游高等教育的专业师资除了要求有硕士以上学历外,还要求专业教师具有一定的实战经验,如客房、前厅等课程教师要求担任过相关部门的经理,厨房教师要求担任过国际大酒店集团的行政总厨或副总厨,餐饮教师则要求曾在欧洲一流酒店从事多年管理工作。同时学校还规定,为了了解酒店业发展的新动态,调研国际化经营中出现的新问题,教师在高等院校工作三五年后,必须重新回到酒店岗位,充实具体的教学内容,始终与行业接轨,经过这样的周而复始,瑞士的旅游教学就能够充分保证"洛桑模式"的生命力。

3. 注重学生良好职业素养的培育

瑞士的大部分旅游高等院校除了制定严格的教学制度外,还把对学生的职业素养的培养作为工作的重点,学校力争学业和操行并重,推行"双重学分制",要求学生的操行等级必须达到"良好"以上。"学生每学年的操行满分为6分,一旦操行分低于4分,该学生将被自动取消期末考试的资格,情节严重的还将被立即除名。"

(三)澳大利亚

澳大利亚旅游借助悉尼奥运会获得了巨大成功,迅速成为国际旅游市场的热点。在此背景下,澳大利亚旅游教育也日益成为世界旅游教育的代表之一。

澳大利亚旅游高等教育的特点如下:

1. 专业设置以行业为导向

在专业设置上,和美国一样,澳大利亚的旅游高等教育也非常具有前瞻性。1998年,国际旅游业因为受亚洲金融危机的影响,出现了负增长,但当时澳大利亚的旅游业却超过了国际平均水平,并未受到很大影响。归结原因,主要就在于澳大利亚紧紧抓住了举办悉尼奥运会的契机,积极培养体育类的旅游人才。例如,2004年澳大利亚的南十字星大学为了适应国际化发展的需要,适时地开设了会议和项目管理课程。此外,1999年该校也曾经为了给悉尼奥运会的开展储备人才,及时地开设了体育旅游管理专业。

2. 政府的保障与支持

在旅游教育领域,澳大利亚政府也发挥着极其重要的支持和引导作用,为了给旅游高等院校的实践教学提供良好的平台,澳大利亚政府提供了很多的机会。1992年由澳大利亚旅游部和研究局大力支持的澳大利亚高校旅游与接待业教育理事会正式成立。另外,由澳大利亚政府支持的澳大利亚旅游常务理事会会经常组织澳大利亚旅游研讨会,每年至少一次。并且,由联邦政府资助的澳大利亚旅游研究局、代表旅游企业的最高行业协会的澳大利亚旅游理事会以及旅游研究学院等组织也积极参与澳大利亚的旅游教育及其研究活动。

二、国内旅游高等教育应用型人才培养模式的困境

(一) 宽泛化的人才培养目标

国内旅游高等教育人才培养目标是为旅行社、现代酒店、旅游景区、会展、旅游机关企事业单位培养高级复合型管理人才。但当前,很多本科高校人才培养目标的定位未摆脱本科学科性、系统性理论教育的影响,过多偏重于理论教学。在人才培养方面,太过于追求面面俱到,酒店、旅行社、景区、会展等各个旅游行业都有涉及,表现出较为宽泛的人才培养目标。

(二) 重理论而轻实践的课程体系设计

国内旅游高等教育课程体系是围绕旅游高等教育学科的系统理论构建起来的,课程设置主要由公共基础课、专业课以及实践课三部分组成,前两部分课程占绝对比重。公共基础课作为概论课程,学生在完成此课程学习的基础上再对专业课程进行学习,最后才到实践课程的操作训练。总体来看,是一种内在联系紧密、系统性强、层次分明、阶梯递进的课程设计体系。其本质偏向于学问中心主义,而不是专业知识的实际应用。

第一章 绪 论

（三）理论素养高却缺乏实践经验的师资队伍

我国大多数旅游高等院校的旅游高等教育专任教师主要由三类人员组成。第一类是由地理、历史、经济、管理、园林规划与设计、外语等学科转行；第二类是旅游高等教育硕士或博士毕业，出了校门直接站上讲台授课；第三类是旅游行业的从业人员转行或兼职在高校从教。其中，前两类师资占据绝对比重，这两类师资学历普遍较高，具有较高的理论素养，但大多数缺乏行业实践工作经验，缺乏过硬的岗位技能，属理论型教师。

（四）缺少与行业动态与时俱进的实践教学体系

由于旅游高等教育具有较强的实践性及应用性特点，国内大多数旅游高等院校也逐步注意到实践教学在旅游高等教育人才培养过程中的重要作用，国内旅游本科院校基本形成了在第四学年进行专业实习的惯例。一些国内的独立学院和高职院校开始在校企合作、工学结合、双证教学的路上进行尝试。例如，暨南大学中旅学院依托深圳华侨城集团旗下的酒店、旅行社、景区景点，让学生在校期间一边学习、一边实践，已探索出相对稳定、规范的校企合作之路。

三、国外旅游高等教育应用型人才培养模式的经验启示

（一）以市场需求为导向，明确培养目标

旅游高等教育本身具有较强的涉外性、应用性和实践性特点。随着旅游业的迅猛发展，市场对于旅游高等教育人员的技能要求已有更高的标准。现今，高素质、技能应用型旅游高等教育人才是市场的迫切需要。因此，旅游高等教育人才的培养目标应以学生的就业市场及岗位技能需求为导向，注重学生实际能力的培养，拓宽技能型人才培养渠道，真正培养出适合旅游市场需要的高技能应用型人才。

（二）以能力培养为中心，优化课程体系

所谓以能力培养为中心，就是重点培养学生的职业技能，以此进行课程体系设计。对于实践性强的旅游高等教育，其课程设计就应做好以下几个方面：一是以旅游企业对岗位技能的要求来配置开设课程，课程内容从知识本位向职业能力本位转变。二是课程设计要以理论知识传授为前提，以职业能力培养为主线，以实践操作训练为轴心，重点突出教学内容的实用性和实践性。三是课程设计要注意公共基础课、专业必修课、专业限选课三者间的比例权重。

（三）以灵活适用为准则，改革教学方法

旅游应用型人才培养的时代性特点，要求把改革和创新作为首要任务。人才培养工作的改革，归根结底是培养模式的调整和改革，人才培养模式就是实施人才教育过程的总和。"讲解—接受型"模式是我国传统的教学模式，教师是信息的发出者，学生是信息的接受者，师生之间缺乏双向交流。这样的教学模式有利于教师传授大量知识，但不利于学生主体地位的落实，不利于学生学习兴趣的培养和积极性的提高。因而，在旅游高等教育课堂的教学方法上，除了应用传统的课堂讲授方法外，还可以采用情景案例分析、角色模拟、分组讨论等方式开展教学活动，强化师生交流，调动学生的积极性和创造性。

1. 以明确的专业定位校正培养目标定位

专业定位由专业的建设、发展、特色及服务面向组成。专业建设应强调学科交叉与专业融合，对应学生复合型能力的培养目标。立足地方还是面向国际，服务急需还是顺应大势，既是专业发展的选择，亦是培养目标的向导。国际化及校企合作办学、复合型、外语等专业特色则是在激烈的竞争下能否持续发展的关键。专业定位先要特色鲜明，再要立意高远，最后是专注而持久。借鉴康奈尔酒店管理学院的目标使命，以打造世界接待业管理的知识库为使命，培养行业领袖。洛桑学院的目标是为全球接待业输送高层次管理者。

旅游高等教育应用型人才培养目标包括人才的规格、特征及就业去向等内容。高校应围绕学生实际、学校实际及特色制定培养目标。如，东北财大萨里学院以人文精神与专业素养并重，以经管学科为支撑，以旅游基础教育为特色，培育国际化人才；中山大学侧重于研究能力培养，构建海外实践教学体系，开展国际合作培养项目，塑造国际化和创新型人才。

2. 以科学的培养方案指导设计教学体系

以教师、教学内容及方法、教学场地以及教学考评等为重点，优化教学体系。首先，转变观念，加大投入，通过政策、待遇引进理论水平高的教师、实践能力强的兼职教师或客座教师以及"双师型"教师。其次，围绕人才培养目标和课程体系，以市场需求为导向，更新教学内容，要把旅游行业企业最新的发展情况、典型案例以及运营管理难点等引入课堂，变教师"单口"讲授为师生互动讨论交流，营造以学生为主角的课堂学习氛围。再者，专业课教学不应局限于课堂，而应走出教室进入实训室、旅游景观展览室、酒店管理系统实验室以及校外实训基地、行业企业等。

3. 以特色化的专业设计优化课程体系

通常，课程体系包含素质课、基础课和专业课以及实践课。素质课和基础课重在丰富知识结构和综合素养，专业课和实践课主要影响学生的职业能力。然而，不少院校专业课和实践课设置随意性大、因人设课等现象普遍。因此，当务之急是完善课程保障体系。首先要解决教师的结构不合理和数量不足问题，理论型与实践型教师比例不协调，"双师型"教师紧缺。建议国家及高校引起重视，调整政策、保障经费等缓解实践师资难题。另外，科学合理地设定课程，不再因人设课，不再让实践课程流于形式，改变以企业实习作为主要实践教学形式的做法，使实践教学成为集课堂演练、校内实训、企业实习、调研考察、体验经历为一体的动态过程。

4.以过程管理为导向构建评价体系

2016年中国高教会议上，林蕙青表示，教育部将对所有本科专业颁布实施教学质量标准，这是关于本科人才培养质量的国家标准和基本要求。"国标"是一种评价教育"过程"达标与否的基本要求，侧重过程性评价。人才培养质量或效果仅从学生的就业率、升学率等指标来衡量，既不客观也不全面，应对有关人才培养的目标、教学、课程、实践、考核、师资等全过程进行综合评价。改革现行的考核评价办法，健全学生学习及实践的监管体系，改变学习效果的考核办法，建立科学有效的评价体系。

（四）以实践经验为标准，打造师资队伍

旅游是一门融理论性与实践性于一体的特殊学科，旅游高等教育的教师除具备扎实的理论功底外，还要求具有丰富的旅游从业经验和纯熟的实践操作能力。因此，在旅游高等学历教育与职业技能教育的根本方向和目的上是相同的，都是以就业为导向，为就业创造条件，促进就业和再就业；在培养过程中，两者都以能力为本位，把职业能力作为核心；同时，两者都以需求为目标，都把职业岗位、工作现场的生产、服务和经营管理活动作为工作和活动的目标。

旅游应用型人才培养讲究其人才的应用性，"双师"型师资是实施教学过程的基本保障。近年来，"双师"型师资引起众多部门及院校的重视，但同时也存在政策上和实际中操作困难的问题。

一方面，该类师资学历偏低，理论基础相对不高，不能很好地将自身实践经历展现出来；另一方面，该类师资从行业转到学校后，由于条件的限制，将少有机会再到企业不断更新其行业实践经历，一段时间后，该类"双师"师资可能就变为名义上的"双师"型教师。因此，作为学校，首先，要勇于吸引该类师资，并鼓励其通过攻读学位等提高自身理论水平；其次，还要注重政策上保障该类师资可以有机会不断更新自我实践经历，做到真正、长期地从根本上完善学校的实践教学体系。

第三节 新时期旅游行业人才需求分析

一、中国旅游行业人才现状

在不断加强与提升高校旅游教育水平、大力拓展旅游教育培训及资格认证的过程中,当前我国已经基本建立起一支与旅游业发展相适应的、门类齐全、规模宏大、结构较为合理的旅游人才队伍。伴随着旅游业的蓬勃发展,尤其是近年来大受欢迎的乡村旅游,旅游业在吸纳就业方面的功能将会进一步增强,城与乡之间、钱与闲之间将有更良性的互动发展。但不难看出,中国旅游业人员队伍的知识层次和专业技术水平仍然偏低,大龄化现象突出,从业人员整体素质与中国旅游业快速发展形势和日趋激烈的市场竞争形势还存在一定差距。

为了促进高等旅游教育与当前旅游业的发展形势相匹配,高校应该采取一定的教育措施,这是目前旅游教育待解决的一个难题。"教育热、职业教育冷"的现象在旅游教育中表现明显。另外,本科教育的"理论化",专科教育的"本科化",职业教育的"普教化",使得当前旅游教育难以满足社会对学生实践能力的要求,旅游院校人才培养质量难以满足旅游业的发展。

(一)中国旅游行业人才市场现状

1. 旅游管理

旅游管理专业到现在为止仍然算是一门较为新兴的学科门类,未来具有广阔的发展空间与发展潜力,现在开设旅游管理专业的学校也很多,对专业能力和素质也有一定的要求。

纵观当前旅游人才的培训现状,不难发现,旅游人才尚不能满足旅游行业的发展需要,旅游人才培养模式与实际人才需求标准之间存在矛盾。大量资料表明,旅游公司人才流失率远远高于其他行业。与此同时,来自各大院校就业指导中心的数据显示,有相当一部分旅游管理专业学生不愿从事与本专业对口的工作。

当前旅游行业中最需要的人才是能够胜任一线工作的专业从业人员,如旅游职业经理人、旅游策划、景区管理、人力资源开发和管理、旅游外联营销、电子旅游商务、会展旅游、运动休闲、医药保健、旅行社计调人员等初中级层次的经营管理人才和旅游专门人才,高素质的导游人才,经过专业训练的旅游及相关行业的服务人员,韩语、日语等小语种导游人才以及专业较强、整体素质较高的专职旅游教育人才等。

2. 酒店管理

当前我国的市场经济取得了较为深入的发展,旅游产业因为社会经济的迅猛发展也迎来了较为蓬勃的发展,社会需要大量熟悉酒店、餐饮企业管理方法和运作方式且具备较高的服务技能与管理水平以及良好职业道德的高技能人才。酒店管理专业是培养德、智、体、美、劳全面发展的,具有酒店管理、酒店服务等基本知识,熟悉旅游行业现状,具备旅游服务技能、酒店各岗位服务技能、企业基层管理能力和社会交际能力,面向高星级酒店(宾馆、酒店)及餐饮企业管理、服务第一线的具有良好职业道德的高技能人才,能较好地满足酒店管理、服务的需要。

只有大量的酒店专业优秀人才进入一线工作岗位,才能不断促进酒店数量的增加、档次的提升、硬环境的改善、提升酒店行业整体服务水准与品质及推进酒店行业持续健康发展。就现阶段的酒店行业来说,企业对酒店经营管理和服务人才需求增加,尤其是对高级管理人才的需求出现了较大的缺口。酒店管理人才需求存在以下现象。

(1)酒店餐饮发展需要复合型人才

随着生活水平的不断提升,人们的消费观念相比于之前也发生了较为重大的变化。基于这种变化,酒店市场的竞争也更加激烈。酒店经营管理者更需要懂经营、善创新、引导消费潮流,同时需要高端的酒店人才来对饮食文化、理念进行开发、创新。市场对这种复合型的人才需求很大。

(2)人才缺乏已成为酒店发展的重要制约因素

由于观念的误差,酒店很难吸引和留住优秀的人才,人力资源贫瘠和人才匮乏已成为目前酒店面临的共同难题,并已成为酒店发展的瓶颈。

（3）服务人员素质亟需提升

出于现实的原因,酒店服务人员的不足已经非常明显,高学历的学生不愿当服务员,而学历太低又明显不适应高星级服务的需要。工作在一线的酒店服务人员的综合素质亟待提高。

3. 烹饪与餐饮管理

纵观当前的酒店业和社会餐饮业,其中的基层管理者通常是文化水平较低的从业人员,甚至是担任厨房高级管理职务的人员,也很少完成本科教育,这些情况较大程度地限制了传统餐饮业的专业技能和管理水平的提升。而现代餐饮企业,特别是大型连锁餐饮企业则相应要求从业人员具有较高的素质、操作技术、管理水平和创新能力,因此中国的餐饮业市场出现了人才需求远远大于供给的紧张状况。随着中国加入WTO、北京举办奥运会和上海举办世博会等,中国的餐饮经济获得了空前的发展机遇,从业人员需求迅速扩大,而约占10%的管理人员需求在不断增大。

4. 导游及旅行社管理

随着旅游业的蓬勃发展,旅行社也迎来了快速的发展,旅行社行业的人才缺口也在不断增大。

（1）从数量上,入境旅游和出境旅游的发展需要数量较多的英语导游

英语在世界各国被广泛使用,例如,来中国旅游人数排前20位的国家中,除说英语的国家外,马来西亚、菲律宾、新加坡、印度、荷兰、巴基斯坦等都通用英语,这些国家来华旅游团队大多需要英语导游服务。就出境旅游来说,领队是出境旅游团队的灵魂,其主要任务是为旅游者办理出入境、酒店入住、机票及登机等各种手续;与地接社接洽,安排旅游行程,并代表组团社监督地接社在旅行中的服务质量,负责处理团队在境外所遇到的各种紧急事宜。

"领队"一词出现在中国开通公民自费出境旅游的20世纪90年代后期。近年来我国不断地调整出境游业务的相关政策,使得人们越来越倾向于出国旅游,不论是老牌劲旅,还是刚加盟的新旅行社,对通过了

出国旅游领队考试的旅游人才需求大涨。

（2）高端人才缺口更大

在全球化进程日益加快的大背景下，一线的导游人员最能体现一个国家的形象。中国旅行社存在着严重的人才结构失衡的问题。

一是行业中更多的是接待型人员，随着旅行社业务向会展旅游等方面拓展，旅行社将因人才结构单一而缺乏应有的竞争力。

二是行业从业人员整体队伍接受的教育水平较低。通过对某地各旅行社的调查统计发现各旅行社执证导游比例平均为30%—40%。外地旅行社也不可避免地存在这种情况。当然还存在另一种情况，就是旅行社导游虽然数量不足或者没有，但是需要时会从当地导游服务中心借调导游。但是据统计，截至2016年，已经注册的导游总人数在105万左右，具有资格证的导游80万左右。与旅行社签订合同的导游不到30万。大专学历以上科班出身的导游不足20%。初级导游比例96%，中级3%，高级1%，全国特级导游人员数量为24人。从这些数据和目前旅游发展的良好形势来看，说明执证导游人员数量极少，不能满足目前市场所需。即当旅游团量较小的时候，会安排有导游证的导游带团，如果团量很大，会安排无证导游带团，这种情况尤其是在组团社中较为严重。①

（3）旅游产品的多样化要求导游员具备更高的综合素质

旅游业的发展越来越深入，更加精细的目的地旅游形式不断涌现，诸如修学旅游、滑雪旅游、商务会议旅游、自驾车旅游、文化体育交流旅游、科普旅游、音乐欣赏旅游、生态旅游等各种旅游形式。目前上海商务旅游的人次已超过传统的观光型旅游人次，并随着世博会的成功举办而保持强劲的增长势头。上海已有多家旅行社的业务渗透到了商务会展旅游中，对于懂外语、懂网络、通商务、会资本运营的人才，各旅行社都趋之若鹜。

如果要担任出境旅游的领队，需要具备一定的导游经验，对领队的各个环节工作都比较熟悉，并且能够很好地处理各种业务。在出境旅游持续发展的前提下，那些熟悉机票预订、签证办理、发团等一系列基本流程，善于处理与旅游相关的食、住、行、游、购、娱问题，谙熟各国语言、

---

① 黄翠平.新形势下导游资格证现状及提高资格证通过率的途径探析[J].旅游纵览（下半月），2018（10）：29.

货币、法律法规、风土人情、风俗习惯、行业规范等,并具备与各国领使馆打交道、在异国他乡迅速处理突发事件能力的优秀人才重金难求。生态旅游是旅游可持续发展的趋势之一,导游除了具备深厚的文化底蕴外,还应当具备系统的生态学等自然学科的知识。总之,导游不是一般的旅游服务人员,而是有文化、高层次、具有服务性的职业人才。

(4)管理层面缺少相应层次的人才

对各个企业来说,人才都是企业最为稀缺与宝贵的资源。但是,就当前的发展形势来说,旅行社人员的跳槽现象仍然比较严重,如何留住人才仍然是当前最为需要解决的问题。

从流失情况看,有两类人才流失比较严重:一是导游人员,在持导游资格证的人员中,已不再从事导游工作的约占30%;二是中层管理人员。一般旅行社平均每年用于培养员工的费用大约占年利润的20%,人才流失使旅行社损失的不仅是20%的利润,损失最大的是最新的经营理念和大量流失的客户。

导游人员在各个企业之间的流动频率存在一定的规律,不同等级的导游人员对应着不同程度的人才流失率,持导游资格证书人员和特级导游员流失率较高,初级、中级、高级导游员流失率较低。据统计,在持资格证书、等级证书的人员中,已不再从事导游工作的人员占33.2%。其中,持资格证书人员的流失率为45.3%,持初级导游员证书人员的流失率为6.4%,持中级导游员证书人员的流失率为14.6%,持高级导游员证书人员的流失率为10.1%,持特级导游员证书人员的流失率为37%。

5. 会展策划与管理

会展策划与管理涉及的业务内容较为广泛,其主体是会议或展览会的组织者及举办场地,即会议策划服务公司和展览公司以及会议中心、展览场馆(博物馆、展览中心、博览中心等);外围服务企业主要有展品运输公司、广告公司、展台设计与搭建公司,还包括旅行社和酒店等服务企业。会展活动有时是一项巨大而漫长的工程,例如世博会;有时规模不大但对人员素质要求很高,如上海财富论坛。

会展活动整个流程的策划与管理都要做许多具体的业务,也需要调节多个工种之间的沟通与配合,用人单位包括政府、企业、事业单位等对会展人才的需求量大。除了会展核心企业、相关企业以外,一般的商务企业和事业单位都普遍需要此类人才。会展属于第三产业中最热门的前10个行业,在德国汉诺威,一半的人在会展行业就业;美国过去的一些工业城市现在也变成会展名城,如芝加哥、费城等,在会展行业就业的人数越来越多。

用人单位对人才的知识需求与数量需求还与会展活动的流程密切相关,如会议活动准备阶段要做好策划、选址、营销、预算四个方面的工作;会议活动实施阶段要做好编制会议手册、联络场地、寻求好演讲者、与会人员登记注册、促进会议日常交流、成立现场指挥工作小组等方面的工作;评估总结阶段要做好会议总结与评估、客户回访、召开总结表彰会、感谢相关人员等方面的工作。而展览活动前期准备阶段主要从事策划,具体工作包括确定主题、寻求承办单位、支持单位和合作单位;展览活动中期实施阶段主要包括制定会展项目计划、广告与宣传、为参展商提供专业和配套服务、展览会现场管理等方面的工作;展后阶段主要包括展后跟踪服务、总结和评估等方面的工作。所以,本专业培养的人才在用人单位从事策划工作时,要求其不断创新,管理时才能取得良好的综合效益。

（二）中国旅游行业人才教育现状

1. 单纯重视知识技能,忽视学生的品行教育

在旅游教育中仅注重学生专业知识的传授和服务技能的培养,是目前旅游教育存在的一大弊端。但是作为以人对人服务为主的旅游服务,从业人员的品行决定着服务的质量。中国教育课程设置建立了单一的过分强化专业的教育,形成了一套过窄、过专、过深的专业课程体系。而对于在旅游行为中服务人员的技能则有所懈怠,导致旅游从业人员不够专业、不够职业。旅游业是实践型、技能型、服务型行业,应注重学生的礼仪规范、职业道德、服务意识等方面的品行教育。

2. 单纯注重课堂教育,忽视实践教学环节

目前在旅游人才培养过程中存在着以下几个问题。

一是对实践教学环节重视不够。

二是实践教学所需的校内实验设施不齐全或设施的先进程度远远落后于目前旅游企业现状。

三是实习基地不稳固,学生在实习期间的知识技能得不到各种保障,往往未到实习结束就放弃实习。

四是实习目的和方法有待改进,有些学校采用放任自流的形式让学生自行实习,缺乏必要的实习指导。

正因为如此,学生对旅游业缺乏客观的认识,认为旅游业就是"吃喝玩乐"。旅游院校不重视实践教学环节,使部分学生没有在旅游企业实习的经历,直接导致旅游企业对旅游院校毕业生的满意度评价较低。

3. 校企合作缺乏深层次沟通

很多旅游院校的校企合作依旧停留在参观旅游企业、与企业管理人员交流等较低层次。现实中,部分高职院校未充分发挥校企合作作用,人才需求调研不深入行业企业,校企合作停留在表面形式,仅仅为解决学校实训条件不足和企业用工不足问题。具体表现在人才培养目标及专业定位不清晰、课程体系及职业岗位群设置不科学、实训基地缺乏职业情境、"双师型"教师队伍不足、顶岗实习缺乏监控与沟通、人才培养制度不健全等方面。传统的"专人型"人才培养模式逐渐暴露出弊端,培养出来的学生知识面较窄,文化素质有明显缺陷,广泛适应和创造能力差。行业认知的缺失使得一些旅游管理专业的毕业生纷纷改行。特别是在职业教育中,每年培养出的旅游类专业学生满足不了实际需求。

中国旅游市场迅猛发展,同时旅游市场存在的一些问题也不断暴露出来。因此,解决中国旅游市场的问题,不但能够提高中国第三产业的整体服务质量,还对中国市场经济政策具有强烈的政治意义。随着中国改革开放以来的经济转型,旅游业已经成为中国国民经济的支柱产业,调整好旅游业市场,对中国经济的发展具有重要的意义。同时,中国旅游市场面临着人才流失的现象,旅游院校的学生毕业后不愿意从事本专业工作的问题也应引起高度重视。

二、中国旅游行业人才需求分析

随着社会经济的发展，人们已经不仅仅满足于解决温饱及物质必备需求，精神休闲需求也成了人民追求美好生活的必备要素，旅游作为一种休闲生活方式，越来越受到人们的喜爱。

传统旅行社服务中岗位的需求主要以导游、翻译、会计、司机、酒店服务、计调、售票员、前台接待等岗位为主，服务对象主要是入境旅游接待。随着国内经济发展增速加快，大众旅游需求不断提升，国内旅游市场迎来重要发展机遇，旅游服务形式也进入多样化细分领域，衍生出针对不同人群提供的研学、康养、蜜月旅行、自驾游、休闲度假等旅游服务品类，旅游业已经成为我国第三产业中重要的一环，也成了经济发展的重要组成部分。

（一）OTA平台及"旅游+"的出现对就业的促进作用

1997年中青旅控股股份有限公司在上海证券交易所成功上市，成为中国第一家完整旅游概念的A股上市公司。同时旅游业紧跟时代发展需求，出现了以携程、同程旅行、途牛、飞猪旅行为代表的"互联网+"OTA平台。同时围绕"旅游+"衍生出"康养+旅居""旅游+体育""旅游+教育""旅游+会展""旅游+工业""旅游+演艺""旅游+非遗""旅游+科技"等新概念旅游服务产品及内容。根据不完全统计数据显示，截至目前我国旅游概念相关上市公司已经达到三十余家。核心业务涉及景区、旅游服务、酒店餐饮、主题乐园、规划设计、投资规划运营等相关细分产业。

就业岗位也随着时代的发展而有了新的变化，如市场营销、销售、客服、技术研发、运营、新媒体、品牌推广、产品研发、活动策划、会销、研学导师、产品经理、BD、店长、UI设计师、市场拓展等相关岗位。根据文旅部数据显示，截至2021年末，全国各类文化和旅游从业人员达到483.43万人。《2022年度全国旅行社统计调查报告》显示，全国旅行社从业人员243227人，其中大专以上学历人数161375人。[①]

[①] 于帆.《2022年第一季度全国旅行社统计调查报告》发布[N].中国文化报，2022-05-30(001).

（二）疫情导致旅游业熔断，从业者走过最艰难的三年

新冠肺炎疫情全球流行期间，旅游业经历了行业发展历程中最艰难的三年，倒闭、注销、裁员、降薪成为旅游业的主基调。坚强的旅游人通过兼职"滴滴""外卖""主播"等方式求生，也有人因为看不到疫情终结的希望选择了转行。在此过程中旅游业积极想办法求创新，布局周边游、露营、夜经济等方式挖掘消费热点。

同时在过去几年里，全国各地将聚焦旅游产业发展、带动区域经济发展作为目标，成立了地方文旅集团，围绕提高游客服务质量及地区旅游产业科技化、智慧化发展的需求，以"游云南""游山西""游湖北""游上海"为代表的智慧旅游项目落地，因疫情防控及科学分流为需求的"预约码"也应运而生。

通过调查发现，疫情期间旅游企业裁减人员岗位为销售、电话客服、前台、计调、酒店景区服务员、导游、计调、产品研发等岗位，部分员工根据企业发展及业务转型需求转行到主播或一人多岗降低企业成本。根据国家文旅部发布的《2022年度全国旅行社统计调查报告》数据显示，全国旅行社直接从业人员较2019年减少17.27万人，到2022年酒店业裁员人数比例达到了38.89%。如果加上景区、主题乐园、OTA等涉旅企业，流失人员将进一步扩大。[①]

（三）旅游业强劲复苏，人才需求猛涨

2023年"元旦""春节""五一"假期旅游业迎来了复苏增长，就业市场供需两端也快速回升。2月份各大涉旅企业开始了"人才抢夺战"，浙江开化"百万年薪聘导游"登上微博热搜话题，各地抢抓复苏"时间窗口"开启了"人才储备战"。云南省、山西省、河北省、绍兴市、郑州市等地组织"旅游人才专场招聘会"，解决涉旅人才缺乏问题，加强人才梯队储备。

---

① 于帆.《2022年第一季度全国旅行社统计调查报告》发布[N].中国文化报，2022-05-30(001).

第四节　高等教育旅游专业应用型人才培养目标

　　伴随着旅游业的迅猛发展,我国的旅游教育有了巨大的进步,其总体规模越来越大,高校在培养旅游专业人才上下了很大功夫,但是,有关旅游人才培养上供需错位、理论与实际脱节等批评之声不绝于耳。实事求是地说,我国旅游高等教育在专业人才培养上出现了问题。旅游管理专业人才培养目标定位应是什么?培养这一目标人才的关键是什么?诸如此类的问题,亟需我们回答。

一、旅游管理专业人才培养目标的错位

　　关于旅游管理专业人才培养目标的规定,各高校虽然都有自己的表述,但目前都是遵循教育部的规定而来。教育部在1998年重新颁布普通高等学校本科专业目录时,对旅游管理专业的培养目标的规定是:培养具有旅游管理专业知识,能在各级旅游管理部门、旅游企事业单位,从事旅游管理工作的高级专门人才和进一步从事旅游教学、有科研潜力的研究型人才。

　　近些年来,随着我国旅游管理专业教育的发展,我们越发感到这种定位有许多不妥之处,主要表现在:一是定位过高。旅游本科教育既要培养面向市场的具有现代经营管理能力的高级管理人才,又要培养具有一定科研能力的高层次的理论研究人才。这种"双高"人才的要求,明显高于旅游产业与人才市场的承接能力和现实选择。二是定位不明确。究竟应当培养应用型管理人才还是理论型研究人才,这一定位表述不明确。三是与市场不对接。旅游专业教育的根本宗旨,应该是为旅游活动的顺利开展和旅游业的健康发展培养专门人才。

　　同时,这种定位也与国际通行的旅游管理专业人才培养定位不合拍。纵观各国旅游教育,在培养目标上虽各不相同,教学内容、人才培养模式也不一样,但他们最大的特点是重视应用型,强调教学、研究与实际相结合。应用型人才培养以及实践教学是最重要的环节。

二、应用型人才培养目标的确定

既然由教育部统一规定的旅游管理专业的人才培养目标与实际错位,我们就应该确定一个实事求是的合乎社会市场需求的科学的人才培养目标。

首先,旅游管理专业人才应该是应用型的,这是由旅游业对人才需求、旅游学科专业教育生成方式以及高等教育发展趋势等因素决定的。

旅游业与其他行业相比,一个重要特点是理论与实践并重,有时甚至认为实践重于理论,最需要既懂理论又懂实务的应用型人才;旅游业的管理者都必须熟悉基层业务,或者从基层做起。这就决定了旅游高等教育不可以直接向旅游业输送高级管理人才,而只是培养具有较强适应能力、较高实践技能兼具管理才能潜质的预备队。

我国旅游高等教育的生发机制与欧美不同,高等旅游管理专业是随着我国旅游产业的发展而产生与发展的,是适应20世纪80年代旅游业迅速发展对人才的迫切需求而产生的。它是产业的需求在高等教育中的反映,它面临的主要任务是满足产业对人才的需求,而不是创建新学科,开拓学术新领域,表现出明显的职业特点。

如今,各高校对旅游管理专业培养应用型人才是没有异议的,但究竟什么是应用型人才,至今没有一个统一权威的解释。教育部《2003—2007年教育振兴计划》对我国应用型、技能型人才的培养提出了明确的要求,但并没有展开说明什么样的人才是应用型的。笔者认为应用型是就人才培养的类型来说的,它是相对于研究型而言的。简单地说,应用型人才就是能把成熟的理论和技术应用到实际的生产、生活或者是文化领域解决实际问题的人才。实际上应用也有层次之分,我们就认为应用可分为三个层次:一是对理论的应用,二是对技术的运用,三是对技能的操作。与之对应的应用型人才有三类。对技能的培养实际就是职业教育,职业教育一般指为生产、服务、管理第一线工作的人员所应具备的专业知识和技能,进行培训和培养的教育类型。旅游业是一个实践性极强的行业,其人才特别强调动手能力、操作能力,要求从业者能很快适应工作岗位的要求,将所学与所做结合起来。所以,我们认为旅游专业教育是一种职业导向或职业特征突出的专业教育,旅游教育是具有职业性的应用型专业教育。只有认识这些,才能清楚地认识旅游人才的本质。

  因此,旅游管理专业人才培养目标,应该是培养具有旅游行业职业知识与技能,服务于旅游产业的高素质的高级应用型人才。

第二章　面向应用型人才培养的旅游高等教育课程设置

针对旅游管理专业强调应用型、复合型的特点,在设计课程时,除了开设旅游专业理论课之外,学校还应通过与旅游企业的紧密合作建立一定规模的实训基地,为学生提供更多更好的校外实习机会,提高学生的动手能力,以适应旅游管理专业既要求具有一定的理论水平又要求一定的实践经验、努力工作的态度和具有创新性的人才需要。这样,就可以把学校培养目标、学校培养标准与企业需求的目标和标准相结合,重新构建以学生综合能力为主体的课程体系。

第一节　高等教育旅游专业课程体系建设的现状及问题

一、旅游高等教育课程体系建设的现状

（一）专科旅游教育课程体系的现状

目前我国各个高等专科院校旅游管理专业课程设置的依据和课程体系有所不同,其中部分专科院校中的旅游管理专业多注重旅游经济理论、旅游酒店、旅游管理等研究与教学；而部分高职院校则比较注重市场化程度较高的旅游课程设置与创新,设置了大量与会展、商务、高尔夫等有关的旅游课程。各个院校因各自的学科背景不同,其开设的旅游课程中带有浓厚的前学科背景。在内蒙古师范大学青年政治学院旅游

管理专业课程设置中,非常注重历史、文化、民族、社会等相关学科的设置与教学;在内蒙古财经大学旅游管理职业学院课程设置中,注重管理学、经济学、会计学、旅游财务管理等课程的设置与教学;而在呼和浩特职业技术学院旅游管理专业课程设置中,非常注重职业教育特色,公共课当中历史、文化、民族、社会等相关学科的因素较少,在专业基础课设置中,管理学、经济学等学科因素较多,专业课设置中加大了实践教学比重。总而言之,旅游管理专业课程设置没有统一的标准,并带有一定的随意性。

(二)本科旅游教育课程体系的现状

旅游管理专业本科课程体系基本框架是在新文科建设时代背景、旅游产业认知基础上形成的。其中,新文科建设时代背景是旅游管理专业课程体系重构的直接引导;旅游产业认知则直接形成旅游管理专业课程体系重构的三大知识模块。在此基础上,旅游管理专业课程体系基本框架重在形成知识体系。知识体系一般涵盖人文科学和社会科学两大部分,通常具有被知识共同体依据相同标准验证过的客观知识,而这种客观知识通常又是纯粹理论形态或实践指向形态。由此形成基础核心课程、专业核心课程和专业方向课程层层递进的旅游管理专业课程体系,即"4+3+N"模式,如图2-1所示。[①]

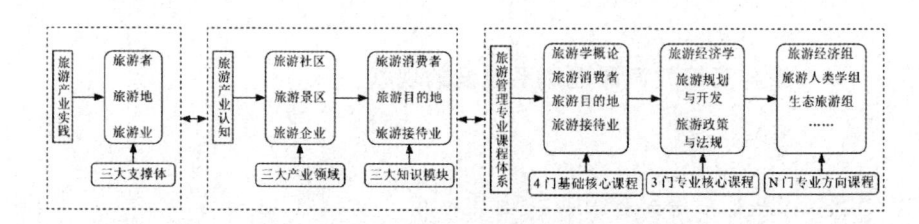

图2-1 旅游管理专业课程体系重构"4+3+N"模式

1. 规范4门基础核心课程

基础核心课程即旅游管理专业前置大类课程,是旅游管理类中四大

[①] 廖钟迪."国标"指导下的旅游管理类专业课程体系建设思路[J].教育现代化,2019,6(71):152-153+173.

第二章 面向应用型人才培养的旅游高等教育课程设置

专业都要学习的课程,体现了四大专业通识知识,属于课程体系第一层次。按照《旅游管理类教学质量国家标准》,4门基础核心课程通常包括旅游学概论、旅游消费者、旅游目的地和旅游接待业。其中,旅游消费者是重在培养消费者心理行为分析思维逻辑的课程;旅游目的地是重在培养空间聚散分析思维逻辑的课程;旅游接待业是重在培养运营管理分析思维逻辑的课程。

总之,4门基础核心课程基本反映了旅游产业实践过程中涉及的旅游者、旅游地和旅游业三大支撑体,凝练了旅游产业实践对旅游产业人才所需的心理行为分析、空间聚散分析和运营管理分析三大思维逻辑。

2. 打造3门专业核心课程

专业核心课程即旅游管理专业必备核心课程,是旅游管理专业自有的课程,体现了旅游管理专业主干知识,属于课程体系第二层次。

按照《旅游管理类教学质量国家标准》,3门专业核心课程通常包括旅游经济学、旅游规划与开发、旅游政策与法规。其中,旅游经济学课程重在回应旅游产业认知中旅游企业领域,在反映宏观层面旅游经济发展基础上,更加注重通过融入现代科学技术解决微观层面旅游企业提质增效等问题。旅游规划与开发课程重在回应旅游产业认知中旅游景区领域,注重在规划层面融入现代科学技术,解决旅游景区面临的转型升级等问题。旅游政策与法规课程重在回应旅游产业认知中旅游社区领域,注重通过法律手段解决居民和旅游者冲突等问题。总之,3门专业核心课程基本反映了旅游产业认知下旅游企业、旅游景区和旅游社区三大典型领域,注重旅游企业运营管理、旅游景区空间规划和旅游社区法律咨询三大能力培养。

3. 凸显N门专业方向课程

专业方向课程即旅游管理专业选择方向课程,是不同学校依据自身特色或优势形成的课程,体现了旅游管理专业特色知识,属于课程体系第三层次。专业方向课程主要体现着学校所在地区地域优势、产业优势,以及学校自身学科优势和专业自身学术传统等综合性因素。例如,云南大学所在云南省具有民族文化多样、生态环境良好等地域优势,以及旅游产业发展较早、水平较高等产业优势；旅游管理专业所在云南大学具有民族学、生态学学科优势,旅游管理专业具有旅游经济研究等学术传统。因此,云南大学旅游管理专业方向课程形成了旅游经济、旅游人类学和旅游生态三大课程组。其中,旅游经济课程组涵盖旅游产业经济、酒店管理概论、会展经济管理、旅行社经营管理和旅游电子商务等课程；旅游人类学课程组涵盖旅游文化学、民族风情旅游、田野调查和旅游策划学等课程；旅游生态课程组涵盖旅游地理学、生态旅游、国家公园游憩管理和旅游景区管理等课程。总之,专业方向课程设置要深入挖掘地域优势,不断结合产业优势,主动融入学科优势,并继承发展学术传统,这是形成旅游管理专业地域话语权、中国话语权,甚至世界话语权的重要基础。

（三）研究生旅游教育课程体系的现状

这里选取中山大学、海南大学、扬州大学、湘潭大学、西北师范大学、江西师范大学、安徽师范大学、广西师范大学 8 所高校旅游管理专业硕士研究生培养方案,分析这些高校硕士研究生旅游教育课程体系的现状。从样本高校的培养方案,可以看出这些高校在课程设置方面主要分成两类：学位课程（全部为必修课）和非学位课程（大部分为选修课）,其中学位课程包括公共课、专业基础课和专业课,非学位课程既有实践课也有理论课。根据 8 所高校旅游管理专业下的旅游规划方向人才培养课程,整理表格如 2-1 所示：

表 2-1　国内 8 所高校旅游规划方向硕士研究生培养课程[1]

专业基础课	研究方向课
旅游管理信息系统	旅游规划理论与实践
旅游管理学理论与实践	旅游地图编制与运用
旅游科学进展	旅游项目管理
旅游目的地开发与管理	旅游开发与规划
旅游产业经济分析	旅游经济研究

---

[1]　胡文静.普通高校旅游管理专业课程建设的优化研究[D].辽宁师范大学,2020：15.

第二章 面向应用型人才培养的旅游高等教育课程设置

续表

专业基础课	研究方向课
旅游营销	生态旅游综论
旅游规划与战略	旅游环境与影响
旅游服务管理	现代旅游创意与策划研究
旅游投资与财务管理	旅游地理信息系统
现代管理科学理论与方法	旅游产业政策与旅游法研究
中级微观经济学	旅游策划理论与实务
专业 Seminar	旅游目的地开发与管理
研究方法	旅游规划学
旅游学理论与方法	旅游规划原理与方法
管理经济学	旅游企业服务运营与战略
中国文化地理概论	旅游规划实务
旅游经济学	
旅游调查与实践	
旅游文化研究	
旅游前沿理论研究	
旅游学基础理论	
旅游发展动态与趋势	
旅游市场开发	
旅游与文化产业研究	
旅游资源学	
旅游营销学	
管理学前沿	
旅游战略管理	
旅游经济研究	
SPSS 实操	

仅有 2 所样本高校对活动课程设置有明确表述。广西师范大学在培养方案中,提到有活动课程包含专业实践、选题设计与研究报告、教育或科研实践的工作量累积及社会实践时间。西北师范大学设有"实践环节",要求科研实践记 2 个学分,教学实践记 1 个学分。湘潭大学

MTA（旅游专业学位硕士）研究生培养的重要环节是"以企业管理调研、实习为主要内容的实践环节"。扬州大学的培养环节包括在导师指导下的个人培养计划、课程学习、文献阅读、学术活动和实践环节。

二、旅游高等教育课程体系的问题

（一）专业定位不清晰，结构不合理

总结当前我国国内高等教育中旅游专业的设置情况，大致可以分为下面几种：导游类，设有英语、日语、法语、德语、西班牙语、阿拉伯语、俄语、朝鲜语和印尼语等语种；管理类，设有旅游管理、酒店管理、旅游经济（硕士）、旅游会计学、酒店财会、旅游资源开发与管理、森林旅游、旅行社管理、生产营销等专业；师范类，设有酒店管理（师资）、烹饪（师资）、英语（师资）等专业；技术类，设有食品工艺、烹饪、旅游工艺品设计等专业。

通过对当前高校旅游专业的设置现状进行调查，我们发现许多高校根据旅游行业的结构来设置与之相对应的旅游专业，也有的院校根据自身特色学科在旅游业中的运用，设置了更为细致的专业。如湖南商学院以商科特色为主，设置了旅游营销、旅游财会等专业。

一般来讲，旅游专业设置主要考虑两个因素。一是考虑学校的办学背景，如商科学校就比较注重突出旅游经济和管理等方面，从而突出整个学校的办学特色；而高师类院校偏重于文科，强调政治理论课程；外语类院校突出导游翻译等方面。二是考虑与国际接轨，根据国际旅游市场发展趋势设置新专业。

1.课程设置缺乏整体优化，不同类型课程比例失调

现行课程体系缺乏整体优化，教学体系僵化，课程体系中的必修课与选修课等不同类型课程比例失调。特别是选修课程太少且有局限。大多数院校的选修课与拓展知识课所占的比重较低。从所开设的选修课来看，基本上属于旅游专业常识课，如客源国概况、旅游应用文写作等，而拓展知识课程门数和课时偏少，不能有效达到拓展学生知识层面

的作用。

2. 课程之间的教学内容重复现象较为严重

一方面,在基础理论课方面涉及管理学类、经济学类和旅游学类课程,而在旅游专业课上又涉及经济学、心理学、地理学、文化学、美学、法学等基本理论知识,导致课程内容的重复。另一方面,在专业课内部,由于分化出酒店管理、旅行社管理与旅游景点管理等不同方向,导致大量课程内容的重复。如旅行社管理类方向的课程同样出现了旅行社经营管理、旅游市场营销、旅行社财务管理等课程,这是专业方向分化而缺乏有效综合导致的结果。显然,上述两方面必然导致大量课程内容的重复。

3. 专业基础课的基本效用较低

在专业基础课中,管理类和经济类课程都发展得已经相当成熟,但旅游学科内的主干课程,如旅游学概论、旅游心理学、旅游经济学等,由于课程建设时间较短,还不够成熟。由于其性质基本属于旅游学与相关学科交叉而形成的应用性较强的学科,过分强调应用性,不同程度上都存在着理论基础薄弱的通病。过分强调应用而忽视理论基础的结果往往使学生思维简单、缺乏创新、工作后没有发展后劲。显然这些课程不应占用大量的课时,但在实践中许多院校对旅游学科课程投入大量的课时,这一方面是想突出旅游专业特色,另一方面也是由于许多院校旅游专业设置不当造成的。

(二)实习实践课程效果不理想,校企合作课程缺失

1. 顶岗实习松散、倾向于"放羊"实习,人才培养质量无法保障

当前高校旅游专业人才培养中,前两年或前两年半集中在校内开展理论学习,第三年或最后半年到旅游行业企业开展顶岗实习,所开展的顶岗实习形式松散、缺乏院系教师的监控,倾向于"放羊式"实习,学校

指导教师和企业专家没有及时开展实习指导,实习结束后院校也没有对实习效果开展评估,人才培养质量得不到保障。

2. 缺乏对行业企业的一线调研和咨询,开设的课程缺乏针对性

高校在制定旅游专业人才培养方案和课程建设过程中,没有到行业企业一线调研和咨询,缺乏管理人员和行业能手的研讨和论证,导致开设的课程缺乏针对性,难以做到校企联合开发课程和建设课程。

3. 院校教育教学管理滞后,缺乏课程研究及课程改革举措

院校教育教学管理滞后,监督指导不力,无法构建适合当前高校旅游专业实际的课程体系。办学中,学校及教师缺乏课程开发的意识和积极性。一部分专业教师不清楚课程开发,也不知道课程开发的程序,只按照教学体系安排授课,甚至误认为课程目标就是教材的教学目标;部分学校迫于教学条件、资金投入及构建课程体系的困难,将高校旅游专业课程体系变成普通本科旅游教育的课程"压缩版",甚至存在因人设课、随意调整课程体系、课程实施管理不严格等问题。

(三)市场调研力度不够,企业缺乏课程开发的积极性

1. 学校和院系仅从实际出发设置课程,缺乏行业企业调研,行业企业需求无法体现在课程设置中

当前高校旅游专业课程开设不能满足旅游行业企业需求,导致培养目标、课程体系和专业建设出现问题。究其原因,学校和院系在设置课程时只是根据学校相关文件要求、参考同类院校做法、考虑院校的师资及实训设施等实际,没有深入行业企业一线开展调研,无法将行业企业需求体现在课程设置中,导致课程设置缺少针对性和目的性,课程体系空对空,理论对理论,工学结合特色不明显,学生职业素养无法满足企业需求,导致一方面旅游专业学生就业难,另一方面旅游企业招不到合适人才。

2. 企业认为设置课程是学校的主要工作和职责，缺乏课程开发积极性，无法保障实践课程质量

在企业看来，设置课程是学校的主要工作和职责，有的学校开设实训课程时向企业提出授课申请，但企业管理人员和工作人员日常工作负担较重，缺乏授课经验，接受授课任务时往往应付完成，无法将旅游市场发展变化和业界最新进展补充到课堂中，无法保障实践课程质量。

第二节 各层次旅游高等教育人才培养目标及课程设置

一、旅游高等教育人才培养目标

以科学的发展观为指导，通过教育教学改革，进一步提高旅游专业教学质量，使旅游专业办学特色更加鲜明，旅游管理人才培养模式取得突破性进展，学生实践能力和创新精神显著增强，师资队伍整体素质稳步提高，形成规模、结构、质量、效益协调发展和可持续发展的旅游管理人才培养机制。

以行业为依托，充分发挥专业优势，强化校、政、企、研结合办学特色，构建多层次、多类型、全方位的创新人才的培养体系。培养具有创新能力、创造能力、实践能力和就业能力四种能力，适应社会需求，广受行业欢迎的综合型人才。

（一）专科旅游教育人才培养的目标

本专业培养理想信念坚定，德、智、体、美、劳全面发展，具有一定的科学文化水平，良好的人文素养、职业道德和创新精神，精益求精的工匠精神，较强的就业能力和可持续发展的能力；面向全国，服务旅游行业及区域经济发展需要，掌握导游服务、旅游营销、旅游计调、旅游政策法规、旅游历史文化等知识，具备导游讲解服务、旅游咨询接待、旅行社计调操作、旅游产品营销策划技术等技能，面向导游、计调、咨询销售、产品策划职业岗位的高素质复合型技能(术)人才。

(二)本科旅游教育人才培养的目标

本专业培养德、智、体、美全面发展,具有良好的人文与科学素养,了解旅游产业现状及发展趋势,掌握扎实的经济学、管理学学科基础知识和旅游管理专业知识,具备较强的产品开发和市场拓展能力,具有敬业精神、创新意识和国际视野,能够在旅游企事业单位和行政管理部门从事旅游管理工作的复合型、应用型高素质人才。

(三)研究生旅游教育人才培养的目标

研究生培养方案是指按照一定的培养目标和培养规格,根据学生的实际情况而设定的规范研究生培养与管理的指导性文件,是研究生教育的实施依据。培养方案具有法规性,是研究生教育的重要质量保障体系,对研究生的培养有极大的影响。根据对高校旅游规划方向任课教师的深入访谈,现行的高校研究生旅游专业培养方案存在一定的问题,各个高校没有统一的标准,培养方式也不尽相同。这里选取中山大学、海南大学、扬州大学、湘潭大学、西北师范大学、江西师范大学、安徽师范大学、广西师范大学8所高校旅游管理专业硕士研究生培养方案作为研究内容,重点分析研究其中旅游规划方向研究生的人才培养。选择样本的标准是:该校有旅游规划方向研究生;该校培养方案资料完整可参考。按照人本主义课程论对培养目标的分类,将8所高校旅游管理专业的培养目标归纳整理如表2-2所示。[①]

[①] 胡文静.普通高校旅游管理专业课程建设的优化研究[D].辽宁师范大学,2020:18.

第二章 面向应用型人才培养的旅游高等教育课程设置

表2-2 国内8所高校旅游管理专业硕士研究生培养目标对比表

学校名称	思想目标	技能目标	情意目标	态度目标
中山大学	培养德、智、体全面发展遵纪守法、品德良好	①掌握旅游管理理论与专业知识，熟悉跨学科基础理论；②熟练地运用计算机；③使用外语熟读专业书刊；④做出创造性成果	无	无
海南大学	具有良好的品德修养和综合素质，具有较强的科学和敬业精神，协作精神和创新精神，积极为社会主义现代化建设事业服务	①掌握旅游专业知识和技能；②了解旅游管理旅游行业发展动态和科学研究前沿问题；③熟练地运用科学分析工具；④较强的语言文字表达能力；⑤熟练掌握一门外语	坚持体育锻炼，注重性格修养，具有良好的身体素质和心理素质，以及较强的管理能力，沟通能力，协调能力和社会适应能力	具有严谨的治学态度，理论联系实际，养成积极探索，不断进取的优良学风
扬州大学	有较高的政治理论水平和较强的理论思维能力。具有良好的道德品质和组织协调能力	①掌握旅游管理学科坚实的基本理论，系统的专业知识和相应的技法技能，具有较扎实的基本功和从事旅游管理专业实际工作和科学研究的能力；②熟练掌握计算机的应用技术；③掌握一门以上外语	具有健康的心理和体魄。既注意仪表，又注意内涵发展	为人正派，遵纪守法，团结同事；具有敬业精神和创新意识

· 49 ·

续表

学校名称	思想目标	技能目标	情意目标	态度目标
湘潭大学	具有社会责任感	①掌握旅游管理基本原理，具备从事旅游领域管理工作需要的基本知识、专业思维、实践能力与实施技巧；②能够引领特定行业某一领域的创新发展；③具备旅游技能及相关行业的管理技能；④熟练地掌握和运用一门外语	身体和心理健康	无
西北师范大学	掌握马克思主义、毛泽东思想和邓小平理论的基本原理，坚持四项基本原则，热爱祖国，遵纪守法，品德良好	①具有坚实的经济学、管理学和系统的旅游管理专门知识；②熟练掌握一门外语；③了解国内外旅游管理的国内外发展动态	具有健康的身体和良好的心理素质	无
江西师范大学	努力学习马克思主义、毛泽东思想、邓小平理论、"三个代表"重要思想和习近平新时代中国特色社会主义思想，热爱祖国，遵纪守法，品德优良，具有艰苦奋斗、为人民服务和社会主义建设事业献身的精神	①掌握国内外旅游学研究领域和旅游业界的最新发展；②具有熟练运用计算机的能力；③至少熟练掌握一门外语	具有健康的体魄和良好的心理素质	具有实事求是的学风，严谨的治学态度，理论联系实际的工作作风和勇于创新的科学精神

第二章 面向应用型人才培养的旅游高等教育课程设置

续表

学校名称	思想目标	技能目标	情意目标	态度目标
安徽师范大学	掌握马克思主义、毛泽东思想、邓小平理论和"三个代表"重要思想；热爱祖国，遵纪守法，品德优良；服从国家需要，积极为社会主义现代化建设事业服务	①掌握本专业坚实的基础理论、系统的专业知识和较强的实际工作能力与方法；②了解所从事研究方向的国内外发展动态；③能够较熟练地运用一门外语阅读本专业的书刊和资料，能够撰写外文论文	良好的身体素质和健康的心理	具有严谨的治学态度，理论联系实际的工作风和良好的协作精神
广西师范大学	掌握马克思主义基本理论，熟悉国家有关方针与政策，具备良好的政治素养	①具备从事旅游领域管理工作需要的基本知识、专业思维、实践能力与实施技巧；②具备开放的国际化视野，能够引领特定行业一领域的创新发展	无	具备良好的职业道德

· 51 ·

从 8 所高校的培养目标来看,在思想目标上,除湘潭大学要求"具有社会责任感"外,其余 7 所高校均对学生的政治素养进行了描述。在专业技能目标上,每所高校都要求掌握旅游专业知识和技能,大部分高校都要求掌握熟练的计算机技能和一门外语,部分高校要求了解本行业国际研究动向,能够引领专业创新发展。在情意培养目标上,大多数样本高校要求"身体和心理健康"。在态度目标上,样本高校提到了"不断进取""严谨""理论联系实际"。

二、旅游高等教育课程设置

(一)课程体系建设的目标、指导思想和基本原则

课程体系和教学内容改革与建设是院校专业建设的核心,是人才培养模式的具体表现和主体,也是教学改革的重点和难点。在总结二十多年的旅游教育办学经验的基础上,着力对旅游管理类本科专业人才培养模式、课程体系和教学内容改革进行全面、系统的研究和探索,形成课程体系、教学内容改革与建设的基本认识和路径。

1. 建设目标

按照教育部"目标明确、改革领先、成果突出、师资优先、设备先进、教学优秀、质量一流"的要求,以转变教育思想和教育观念为前提,结合学校的办学特点和专业基础,构建适应现代旅游业发展要求的旅游管理类专业课程体系。

2. 指导思想

充分借鉴国内外旅游院校同类课程体系建设的经验,把握旅游业和社会经济发展对旅游专业人才培养规格和知识结构的需求状况,以此作为旅游管理类专业课程体系建设的根本依据。

(1)要按照市场的需要办学,把市场需求作为课程设置和课程体系建设的依据,使人才培养的专业结构、业务规格和综合素质以及人才培

第二章　面向应用型人才培养的旅游高等教育课程设置

养模式适应市场经济体制条件下旅游业发展的需要。

（2）要注重对学生创新意识和自我开拓能力的培养,为学生的终身学习和继续发展奠定基础。课程设置和课程结构要反映现代科技和经济的发展趋势及时代要求,增设综合化程度不同的跨学科课程,形成多学科立体交叉的课程体系。同时要不断更新课程教学内容,使学生具有宽厚、扎实的理论基础以及适应知识更新和专业转换的应变能力。

（3）要树立终身教育和继续教育的观念,课程设置和课程结构要充分考虑科学技术在经济竞争中日益突出的地位和经济全球化日益明显的趋势,要注意在旅游管理学科课程体系中设置适量的自然科学课程和国际化的课程。

（4）要充分考虑今后旅游人才市场的需求趋势和竞争态势,兼顾不同类型人才培养的模式,课程设置和课程结构要注意将旅游管理类专业课程和其他学科课程有机结合,全面拓宽旅游管理类专业人才的视野和知识面。

（5）要充分考虑地区社会经济发展的特殊性和学校自身的条件,正确定位旅游管理类专业,在竞争和差异中形成自己的专业特色。

（6）要充分认识学生的主体地位,转变教学观念,在发挥教师主导地位的同时,课程设置、课程结构、课程教学和课程建设也必须体现学生的主体地位,充分发挥学生主动参与教学的积极性、能动性和创造性。

3. 基本原则

课程体系是院校对学生进行专业教育、知识与技能传授的主要渠道。旅游院校旅游管理类专业课程体系建设一般遵循以下几个基本原则。

（1）方向性原则。坚持社会主义的办学方向,培养德、智、体全面发展的社会主义建设者和接班人,把德育和思想政治教育放在旅游管理类专业人才培养工作的首位。在课程设置和课程结构上,要注意提高学生的思想道德素质和政治理论水平。

（2）导向性原则。主动适应经济与社会发展的需要,按照学校的总体发展战略目标定位和人才培养目标定位的要求,课程体系与教学内容充分体现和适应现代旅游业发展的特点与要求。

（3）科学性原则。尊重教育规律,在课程体系构建中,充分考虑知识的衔接、先后顺序和交叉,优化组合各门课程,形成科学、合理、有利于旅游管理类专业人才培养的知识结构体系。

（4）可操作原则。课程体系建设是一个复杂的系统工程,必须从实际出发,循序渐进,在推进课程体系建设的过程中,规范可行、操作简明的工作流程和实施方案是课程体系不断推陈出新的制度保证。

（二）课程体系与教学内容改革与建设

1. **课程体系调整**

结合各大旅游院校旅游管理类专业办学的实际情况,我们对旅游管理类专业课程体系的调整主要做了以下几个方面的探索。

（1）正确区分旅游专业培养口径宽窄关系。考虑到旅游管理是管理学大类工商管理类所属的一个独立专业,其课程体系既要体现一般本科专业"厚基础、宽口径"人才培养的基本要求,也要结合旅游管理是一门应用性专业的特点,职业属性比较明显,并且发展历史比较短,专业的知识成熟度和普及性较差,对旅游管理本科专业过分强调拓宽和淡化专业教育是不利于人才培养的。

（2）进一步还原旅游管理类专业的经济管理学科属性。由于旅游管理类专业脱胎于管理学科,旅游管理类专业的课程体系、教学内容、教师专业学科背景及知识结构或多或少还存有非经济管理类学科元素,经过改革与建设,彻底克服了原有那种根据自己固有的专业背景和师资力量确立课程体系的不科学和不规范的做法,使课程体系与专业名称从根本上一致起来。

（3）正确处理理论教学与实践教学的关系。旅游管理类专业作为应用性很强的专业,其课程体系应正确处理理论与实践的关系,树立理论联系实际、强化实践教学的思想。我们在课程体系中增设了实践教学环节,增加了实践教学课时的比重,实现了实践教学四年不断线。同时也避免了轻理论教育的极端,理论教学和实践教学比重搭配科学合理。

（4）搭建了学生自主学习的平台和环节。如前所述,旅游管理类专业课程体系建设要充分体现学生的主体地位,因此应该充分重视对学生独立获取知识能力的培养,为学生的终身学习和继续发展奠定基础。同时，课程体系还应为学生的个性化发展提供足够的空间。基于这样的认识，我们充分利用学分制的特有优势，在拓展性课程开设和专业课程模块自主选修等方面，为学生自主学习创造了许多平台和机会。

（5）构建了综合素质和职业能力教育的大环境。旅游管理类专业人才培养的核心在于如何提高学生的综合素质，以便适应和胜任旅游职业及今后发展的需要，因此在课程体系调整中，要充分重视对学生政治素质、文化素质、身心素质以及外语水平、计算机应用能力的培养与教育，通过相应的课程设置和教学环节设计，提高学生的综合素质、就业能力和可持续发展的能力。

2. 课程模块设计

培养目标是专业课程设置的依据，它直接影响课程设置的广度、深度和高度。教育部从宏观上对教育人才培养的总体要求是基础扎实、知识面宽、能力强、素质高。具体到不同地区旅游院校的本科专业人才培养目标，虽表述不一，但大同小异。以旅游专业为例，其目标是培养德才兼备，适应中国旅游业和经济社会发展需要，具有创新能力和实践能力，全面掌握旅游活动和旅游企业经营管理的理论、知识和技能，熟悉国内外旅游行业管理的有关方针、政策与法规，了解国际旅游业经营管理的惯例与细则，能较熟练地运用计算机以及利用英语进行听、说、读、写、译，能在旅游企事业单位从事管理、咨询、策划、教育、科研的应用型、复合型高级专业人才。

(三) 课程体系建设对策

1. 通过市场调研了解需求，通过就业跟踪调查开展课程改革

行业实际需求和毕业生就业反馈是课程体系构建的基础。在构建课程体系时，专业培养目标的确定要依据市场调研和开展的专业面向岗位调查，要以专业对应的行业工作过程为基础，从学生就业岗位出发；以职业目标为依据确定学习目标；以工作任务、工作过程为依据组合学习内容；以职业标准、工作规范作为考核目标；实现教学环节与酒店职

业行为紧密相连。要依据旅游业的发展情况和未来发展规划制定专业发展和课程建设规划，以专业对应工作为基础，行业企业共同研究课程设置及考核标准。要深入旅游行业企业一线了解情况，以专业对应的行业企业工作为基础，从学生就业岗位出发，与行业企业共同研究教学内容、课程设置及考核标准。

2. 扩大高校专业设置权

中华人民共和国成立以后，我国从宏观层面不断调控高等教育中各专业的设置情况，在很大程度上推动了教育水平的提升和经济社会的发展。随着社会主义市场经济的建立，专业发展更多地接受了市场的检验，更多地考虑市场需求，统一设置和审批专业的制度已和市场不协调。现在很多高校在对外宣传上，一般强调专业设置和市场需求是紧密结合的。但是，社会结构变化和大学结构变化是不同步的，实际专业设置具有很大难度，因为根据市场需要确定的拟招生专业，需要教育主管部门的批准，而批准招生后，市场需求数量可能减少，或者没有什么需求了。教育管理的计划体制特点，决定了对市场变化的反应不是很灵敏，专业设置不可避免地处于失衡状态。

旅游业的发展越来越蓬勃，旅游市场的需求越来越精细，因此旅游行业对人才的需求也在不断发生着变化，以培养应用型人才为重要任务的旅游管理必须适应市场。适时改造、调整、创办新专业，是高校建设的重要环节，也是旅游业发展的客观趋势。应当逐步建立适应国家经济和社会发展需要的专业设置和调整制度。

专业设置的前提中既包括相应的学科体系，也要包括各个岗位的人才需求。在确保基础专业和重要专业发展的前提下，应当扩大高校设置专业的自主权，根据学校发展的特点和本地区旅游业的需求，自主决定招生专业，使人才培养与旅游行业发展结合起来。主动根据市场的变化，调整专业计划和培养体系。为了加强对教育质量的管理，需要教育主管部门的全程跟踪管理。

通过对先进的旅游教育人才培养模式进行分析，可以发现，旅游教育与地理学系和商业学系结合密切。地理学以地表环境要素为研究对象，阐述要素过程和地域分布规律，包容了对旅游资源、文化现象的系统研究，可以从旅游资源开发、规划和旅游发展战略等方面进行旅游教

第二章　面向应用型人才培养的旅游高等教育课程设置

学和研究。商业学包括了商业经济、商业管理、商业会计等多门课程的学习，内容体系对旅游专业有极大的指导作用和相似性。因此，应当鼓励地理学和商学相关的院系自主设置专业，对其他院系设置旅游专业也应给予必要的指导和监督。

3. 探索不同类型课程的学时比例

国内旅游专业课程设置改革的主要措施有推陈出新，注重新学科、新科技知识，减少必修课、增加选修课、开设综合课程系列，扩大学生独立思考和创新的空间。

确定必修课和选修课的比例，关系到学生对专业知识掌握的宽度和深度。选修课旨在对学生进行本学科领域新知识和跨学科基础知识的教育，更强调对旅游市场的适应性，可以较快地对教学内容进行调整，发展兴趣、个性、智慧与潜能，提高适应旅游业发展的能力。选修课的内容体系更多地关注现实旅游业发展的动态和实用技能。

旅游教育是通才教育还是专才教育，是学术界争议较多的一个问题。较为适应的课程体系指导思想是，在通才教育的基础上，强化专才教育的课程内容。对于操作技能性强的职业，如餐饮、酒店服务等，可以降低通才课程的学分。为了培养学生的个性化，在有关教师的指导下，可以灵活选修适合自己发展的课程。

按照教学规律的要求，本科旅游院校要加强对4年教学计划的评估与调整，建立行之有效的、相对稳定的、富有特色的4年培养方案。美国普渡大学旅游与酒店管理系的本科课程中，前两学年以基础课程为主，后两学年则设置了大量的实习与专题研究。

必修课和选修课之间没有明确的界限。根据社会需要，原有的必修课可以改作选修，乃至取消或合并，而另外一些应用性强、理论价值明显的课程，可以纳入必修课程体系之中。无论是必修还是选修，课程的设置应当真正满足社会发展的需要，顺应旅游业发展的主流。国内高校，特别是一些著名大学，曾经竞相把高尔夫运动作为选修课乃至必修课。显而易见，这种做法明显地违反了社会的基本需求，毕竟高尔夫球场还占据较大的土地面积，不适合我国人多地少的现状，理所当然地受到公众的谴责和反对。再者，高校应当坚持自己的使命和价值观，绝不能沦落为替学生求职提供"敲门砖"的场所。

随着国际交流和旅游活动的日益增多,外语人才特别是非英语类的外语人才需求增多。增加非英语类的外语专业教学,提高学生的外语技能,是促进国际旅游业发展的客观要求。

4.逐步减少课程内容的重复

现有课程内容出现重复有其历史原因,只有正确加以分析和对待,才能客观地采取相应的改进措施。

第一,就旅游类课程而言,不同科目从不同角度研究旅游资源、旅游者和旅游活动,为了保持各自的知识体系,必然要对相关的概念、理论作出介绍,或多或少造成表述上的交叉。

第二,我国旅游教育发展的历史不长,很多课程开始没有正式教材,为了满足专业的需要,短期内赶制了课程讲义,应急性的讲义难免有仓促而成之憾。一旦形成内容体系后,便难有修订完善的想法。有关专家的意见也不统一,有学者认为,大学本科教育中缺少技能训练,应当加强技能类课程的开设,以适应行业发展的需要;而另外一些学者则坚持必须减少大学本科操作性、知识性的课程,提高理论类课程的比例,以达到高等教育人才培养目标所规定的高层次人才的标准。

第三,旅游院校之间教学研讨的机会少。许多教育学科的教学交流已经制度化固定下来,而旅游院校之间交流很少,充其量是两所学校或区域性的学术交流,影响力不大。一些开设专业较早的学校,缺乏对新开设旅游专业院校的指导,而后者缺少与前者的交流。此外,跨专业、跨院系的学习,有助于积累广博的知识,达到一专多能,形成创新思维,实现专业互补。

第四,正在使用的旅游教材版本多样。旅游系列教材丛书就有近10种,近期内很难得到统一。例如,短短几年,我国开设会展管理教育的院校达50—60所,相应的教材也大量涌现,但适合专业教育的教材较少。同一课程有许多种教材,各个旅游院校选择教材的标准不一,国内教育行政部门未做统一规定,致使旅游教育领域充斥了不少内容雷同的教材,本科专业使用短期培训教材和专科教材的形象较为普遍。另外,不同版本教材对同一概念、同一原理有不同解释,但缺乏新意。许多教材的编著者,并未接受相应领域的训练,大多凭教学工作经验的积累和阅读一些书籍,就开始著书立说,其质量需要经过进一步检验。旅游教学的质量在一定程度上取决于教材的质量。

需要通过对现有课程的逐一分析,合并和删去重复内容,删去学生能够自学的内容,彻底改变满堂灌的授课方式,减少课时总数。在教材编写中,应鼓励有新见解、新观点的教材出版。相应的出版社在关注经济效益的同时,更要关注教材的社会效益。

5. 科研成果的教育转化

如果课程体系与科学研究的前沿相距过大,学生的科学时空观就会明显滞后,就无从谈起创新素质的养成。在介绍课程基本概念、基本理论的基础上,教师的授课内容应当不断地吸收旅游科学进展,包括学科的进展和自己在该领域的研究成果,鼓励学生从不同观点中提炼自己的看法,自己独立寻找解决问题的方法。严格规定使用某一教材的做法并不可取。毋庸讳言,教育行政主管部门指定的一些教材出现一些错误,并且这些错误在多次印刷之后未作更正,大有误人子弟之嫌。因此,教师在教学过程中,不应局限于一本教材,可以推荐一些教材作为参考,建议学生及时阅读有关旅游学术期刊、报纸和有关网站等。

随着旅游业的不断发展,旅游相关的知识应当不断补充,教学过程中应注意旅游科学和行业的最新进展。过去旅游景区按照内容的不同最高划分为4级,2007年3月,国家旅游局把旅游景区的最高等级由4A级提高到5A级,旅游相关教材就应当及时予以更新。

在高年级开设综合必修课程,以培养学生综合分析问题和解决问题的能力。由于旅游领域的专门科研立项较少,大多是从其他相关学科进行研究,缺乏独立的高水平的科研成果。从事研究的手段大多是从资料入手,缺乏实际工作调查与分析,对旅游实际过程中的问题探讨较少,影响到旅游科研成果的转化。

6. 加强实践教学

实践能力的提高,促使教学过程把学生被动实践改变为主动实践,改变依靠书本学习和空口说教的方式,加强实习内容的教学,与实践相关的课程要安排有关实习或考察。自然景观、人文景观可以选择有代表性的景区(点),使学生广泛接触形象生动的现实内容,培养自己的观察力和欣赏力。

　　教育部《关于进一步深化本科教学改革全面提高教学质量的若干意见》要求加强实践教学环节，各实践教学环节累计算入学分，其中，人文社会科学类专业不应少于总学分的15%，理工农医类专业不应少于25%。旅游实践教学包括两个方面，其一是课程实习，其二是综合能力实习。

　　课程实习是根据教学计划开设的有关课程，按照每个科目的具体内容，短期在野外环境和企事业单位进行的知识验证、延伸课堂理论的学习过程。课程实习通常包括实习动员、任课教师讲解、学生验证调查、提交实习报告等环节。

　　综合能力实习是初步掌握有关旅游管理的知识之后，到旅游企事业单位进行较长时间的实习，一般是在高年级进行。由于学生面临就业问题，实习形式采用分散式和集中式两种类型。分散实习是让学生结合求职自行选择实习接收单位，实习成绩由单位出具。集中式实习是由院校根据有关实习的协议，向实习单位指派学生。在以前的教学中，实习阶段通常是实习单位指导学生的相关业务能力，学校选派特定的教师前来视察与巡视，以解决一些突发事件或者棘手问题。为了充分了解实习效果，应当为每一个实习单位指派固定的实习指导教师，全程和实习单位负责指导每个实习环节，共同评定实习成绩。

　　综合实习需要选择旅游企业作为实习基地。实习基地一般包括两种类型。一是学校附属或自建的实习基地，办学时间长、基础设施完备的学校，一般有自己的校办企业，可以方便地为本校学生提供实习场所。二是社会旅游企业实习基地。由于实习会给接收单位带来不便，有可能降低服务质量，因此说到接收实习生，常常会让企业头疼不已。在这种情况下，高校应该适当调整当前的实习安排，选择让学生在旅游旺季进入实习阶段，可以缓解旅游企业人手不足的困难，只要严格按照行业纪律要求实习学生，不但会提高企业经营质量，而且也能确保实习达到预期目的。

7.重视培养职业教育技能

本科旅游专业人才的培养应该包括一定比例的职业教育的相关内容,因为旅游专业本身具备极强的实践性,只有掌握一定的实践技能,才能在毕业之后更好地胜任旅游工作。旅游业是提供各种服务活动的综合,从事旅游行业的各项工作,要了解并熟悉整个旅游活动的规范和实用技能,能够深入体会各服务环节的有机联系。具备了丰富的实践经验,就能在不断总结和分析的基础上,洞察旅游业出现的问题、形成的原因及相应的对策。本科毕业生参加工作后,应当不断熟悉实际操作技能,培养和锻炼旅游管理的基本能力。因此,旅游本科渗透职业教育对本科毕业生尽快熟悉工作岗位,为今后进一步发展都具有重要作用。

纵观多年以来旅游专业的人才培育规律,不难发现,旅游职业教育在制定培育人才目标的时候更多地是考虑当前旅游市场对人才的需求缺口。当旅游业逐渐成熟、高等教育实现大众化后,职业教育需要向本科教育发展,职业技能在本科课程体系中占有越来越大的比例。但这绝不意味着降低本科教育要求。有学者建议,根据毕业生在企业上岗的需要来设置理论和技能课程,这种做法无疑是把旅游教育和上岗培训等同起来。无论如何强调本科教学中的职业教育,都不能改变旅游本科人才的培养目标。

第三节 面向高等教育旅游专业应用型人才培养的教材建设

所谓教材建设,主要包括:当教师发现教材所载知识已陈旧或编制思想落后时,对教材进行补充、修正或重新修订;当发现没有教材适用(内容陈旧)或没有教材时(新学科诞生),重新写作教材,以及对以上两项工作的组织和管理。

一、高等教育旅游类教材建设的现状

（一）高等教育旅游类各层次教材内容区分不显著（专科、本科、研究生区分不大）

本科院校和专科院校的教材没有太大区别，应用型本科院校和研究型本科院校更没有明显区别。有的学校提倡选用"十一五""十二五"规划教材，而这些规划教材大多是研究型高校的专家教授主编，指导思想和应用型院校的培养目标不一致，没有将"学中做，做中学"等教学理念融入教材编写过程，没有将"训练—学习""学习—训练"作为教材的主线，难以反映职业性的特点。

（二）高等教育旅游类教材知识体系不系统

旅游企业管理类教材，如《酒店管理》《旅行社管理》《风景区管理》等，全都是一个"管理套路"，都是由营销管理、财务管理、人力资源管理等内容外加一点部门知识介绍构成，而涉及的相关知识又往往蜻蜓点水，学生学了照样不会做、不明白。有些领域，教材写了不少，但至今似乎人们对该领域最核心、最基本的范畴都没有弄清楚。比如《旅游文化学》，现在可以肯定地说，为数不少的相关教材其实并不是旅游文化学。

（三）高等教育旅游类教材的个性化不明显

在旅游教材出版的大潮中，有些教材的编写者往往仓促上马，"天下教材一大抄"，重复旧的概念、旧的编写体例，是在低水平层次的重复。针对这种现象，有的学者认为教材的内容基本雷同，创新性少，并对此表现出极大的忧虑。虽然有的教材冠以"新世纪""面向未来"，或者"修订版"，名目响亮、称号不一，但不能摆脱换汤不换药的嫌疑。

第二章　面向应用型人才培养的旅游高等教育课程设置

二、面向高等教育应用型人才培养的旅游类教材建设的改革与发展

在教育部高等教育教材建设的方针指导下,根据《高等学校教材工作规程》对总目标的规定,结合旅游教育事业的发展及旅游专业的培养目标,我们认为未来高等旅游教育教材建设的总体规划应注意下面几个问题。

（一）加快教材更新

教材建设不是静止的,要时刻考虑到旅游行业的发展情况以及旅游教材改革的变化,及时反映当代旅游科研新成果、新研究方法和新技术,将新的教学方式方法、行业前沿理论及新的旅游实践技能等融入教材之中,让教材建设跟上旅游业发展的步伐。同时,旅游教材的编写要与相应的学科研究相结合。在提高旅游教材的适用性的同时,不断提高教材的科学性,使得旅游教材的理论体系更加科学、合理,使用这样的教材培养的学生才能够形成一个完整、成体系的知识和实践能力框架,从而满足社会对旅游专业人才的需求。

（二）扩大教材编写队伍的范围

旅游专业是一个实践性很强的专业,教材建设应坚持在重视理论知识构建的同时,重视旅游业界的发展状况,经常与旅游业界人士沟通,了解旅游业最新动态,广泛听取他们的意见和看法,并邀请旅游业界的有识之士参与到旅游专业的教材编写中来,及时补充和更改知识点和不完善的内容,使旅游教材的编写体现社会需求、满足提高学生学习水平和实践能力的要求,达到人才就业与社会需求动态平衡的目标。

（三）打造精品系列教材

教育部及一些教育主管部门对旅游高等教育教材建设均提出并实施了精品化战略,如中国旅游出版社就发行了一系列全国高等院校旅游专业规划教材及教辅。在当前众多高校、教师和出版社积极参与旅游教

材建设的形势下,优胜劣汰,打造旅游精品教材,形成我国的精品教材体系成为目前旅游教材建设的主要任务。

　　精品教材应具备以下特征:一是教材内容的精准性。精品教材在学科内容方面要能全面准确地阐述本学科基本理论与概念,科学系统地归纳本学科知识点的相互联系与发展规律。二是特色创新性。精品教材一定是富有特色的教材。而富有特色的教材往往具有针对性和启发性,能够激发学生学习兴趣,有利于培养学生的学习能力、实践能力和创新能力。三是教材的编写体例新颖。以往教材编写体例比较单一,既不注重章节内容的导读,也不注重阅读内容的扩展性。另外,对于旅游专业这样一个实践性较强的专业来说,增加案例分析的内容对于管理类教材编写体例的改革,无疑是一个好的突破口。

　　除此之外,精品教材的建设离不开高等教育旅游学校所制定的相关保障机制。很多出版社在提升质量方面做出许多改进,对当前的教材稿酬做出一定的调整,在现有的基础上上调了一定幅度,以激励编写者更加认真地对待教材编写工作,有的还实行了版税制,并大幅度缩短教材的出版和更新周期,调动了教师编写教材的积极性。但面对新的形势和建设机制,出版部门还应提高稿酬的平均确定标准,使得高质量、高效益的教材编著者真正获得与其付出的劳动及该教材产生的效益相匹配的报酬。这样就有可能进一步吸引和选择高水平教师、旅游业界有真知灼见的专家和有丰富实践经验的一线人员参与教材编写,提高教材的编写质量,使更多的旅游精品教材可以被用于教学实践。

(四)工学结合开发优质教材

　　作为培养国际化旅游人才的专业院校,高校专业教材开发应该由旅游行业、企业的专业人士、学校一线教师共同完成。高校教材要求体现实用性、先进性,反映操作过程中的实际技术水平,避免闭门造车、照搬照抄、改头换面等问题出现。例如,某高校酒店管理系先后与数家知名酒店合作开发了系列专业丛书。书中全部采用双主编(学院专业教师1名、酒店部门经理1名),围绕前厅、客房、餐饮、调酒四大核心课程,包括工作导向任务和酒店SOP流程,内容编写既实用又具有一定的理论高度。

(五)注重学生实际应用能力的培养

在学生进校时,除了常规的思想教育,学校还应为学生开设职业生涯规划的课程,帮助学生制定好相应的大学学习规划,使学生更深入地了解旅游行业的发展趋势及就业信息状况,以行业内的优秀企业和企业家的案例引导、提高学生的专业认知度,培养学生的自信心和对专业的热爱,从而与学生自己的学习目标相结合。也可以通过增加学生的知情权和参与权,了解学校的人才培养目标和方案,积极参加教师的科研课题,多种途径培养学生的专业创新和实践能力。

第四节 面向高等教育应用型培养的旅游专业课程与教学体系改革

一、核心课程:搭建金字塔形职业教育课程、教材体系

高校教育课程建设与改革是一项系统工程,不仅涉及课程本身,也涉及人才培养模式的改革、教育理念的更新、教学方法的改革等多方面内容。人才培养模式和课程建设是职业教育专业建设的两大要素。人才培养模式着眼于如何培养人、培养怎样的高素质技能型人才的问题,课程建设则是人才培养模式能否落实的关键,是专业建设的灵魂。专业建设最终都要归结到具体课程建设上来,只有把课程特别是主干或核心课程建设好,专业建设才有基本保障。

围绕着专业人才的培养目标,各高校在课程建设理念、课程建设内容、课程教学模式、课程考核方式等方面,紧紧围绕岗位职业能力的培养与提升,构建符合旅游多元人才培养模式的课程体系,尤其是通过实施优质核心课程的建设,实现知识能力水平与实践操作技能的双提高,以提升学生的综合素质,增强学生的岗位职业能力。

（一）核心课程建设的理念

核心课程体系建设是近年各个旅游职业学院高等职业教育教学改革和教学工作的一项重要举措。按照教育部"目标明确、改革领先、成果突出、师资优先、教学优秀、质量一流"的要求，以转变职业教育思想和教育观念为前提，构建适应现代旅游业、服务业发展要求的旅游类专业的核心课程体系。

为了加强学院课程建设，提高教学质量，争创国家示范性高等院校，以国家级、省级精品课程建设为龙头，依据各专业教学计划和人才培养方案，明确优质核心课程建设的背景及意义，即优质核心课程建设的重要意义在于以核心课程建设为契机，促进各专业进一步明确该专业的核心能力和技能要求，并以之为核心展开课程内容、教学方法、师资队伍、实训条件等方面的建设与改革，促进教学质量的提高。

各个旅游院校还提出了优质核心课程建设的理念。一是核心课程的概念：某专业的核心课程即面向该专业核心知识结构、能力和技能的课程，这些知识和技能、能力是该专业所面向的就业岗位的必备基础素质，因而是该专业学生必须学习的课程。二是优质核心课程的建设以职业岗位能力和技能的培养为基本目标，以职业标准为基本内容，以教学模块为课程结构，教学过程贯彻工学结合，推动教师转变教学观念，深化课程内容、教学方法和手段改革，提高学院教学质量和人才培养水平。

也提出了核心课程建设的建设目标，优质核心课程应有明确的职业岗位指向和职业能力要求。各专业的优质核心课程建设应面向该专业的核心知识结构和核心技能系统，并以此为基础进行核心课程建设。通过建设使学院核心课程都能达到国内同类课程的较高水平，能起到示范作用，成为学院内涵建设的一项重要工作；在校内能很好地带动师资队伍、专业和教材建设等；使学生毕业后能更好胜任工作岗位的需要。同时也规定了院级核心课程建设的基本内容，包括"课程建设""教学团队建设"和"优化教学方法"三部分。

课程建设，包括教学资源库（教学集成方案）建设和课程内容改革，明确优质核心课程的教学资源库主要包括纸质主教材、电子教案、名师讲堂、实训指导书、考试自测系统 5 个方面，形成集纸质与电子、静态与动态的图书与网络资源于一体的立体化共享教学资源库。课程内容充分体现了职业标准的要求，并建立教学内容递选机制，适时吸纳新知

第二章 面向应用型人才培养的旅游高等教育课程设置

识、新技术、新工艺、新材料、新设备、新标准,职业道德,安全规范等方面的内容,能反映相关领域的最新科技成果和最新发展动态;按照职业岗位和职业能力培养的要求,整合教学内容,构建以职业岗位作业流程为导向的教学模块,形成模块化课程结构;实践性教学内容要与理论教学内容整合,并达到一定比例。关于核心课程建设中的教学团队建设问题,教育部办公厅印发的《"十四五"普通高等教育本科国家级规划教材建设实施方案》指出:优质核心课程建设中教学团队的建设主要在于以课程建设带动教师的教学和科研活动开展,带动教师师德师风的建设等。使各建设专业通过核心课程建设形成职称、学历、能力、年龄结构合理的课程教学团队。至于如何优化教学方法,要求:教学方法灵活多样,应符合"工学结合,学做合一"的原则。充分运用现代教育技术进行教学,建立和完善优质课程或精品课程网页,使教学资源库上网,实现优质教学资源共享。

学院从专业建设、内涵建设的角度出发,充分借鉴国内外旅游院校课程体系的精神,全面贯彻与落实国家关于职业教育的文件精神,把握旅游业和社会经济发展对旅游类专业人才培养规格和知识结构的需求状况,全面推行国家、省、院三级课程建设和院优质核心课程的建设进程与质量。不难看出,在各个旅游职业学院的课程建设中,对核心课程的认识是非常清楚的。从每年申报评审的每个通知,以及在具体实施工作中的计划、行动,都始终明确优质核心课程建设在专业建设中的灵魂地位:核心课程决定了专业人才培养规格和素质要求,决定了专业主要岗位的工作和核心能力,是专业课程体系中的精华,是培养学生适应企业实际工作环境和锻炼工作能力的重要手段,是奠定了学生职业生涯发展和就业竞争力基础的主要途径,是专业建设与教学改革的首要任务。而这种认识与定位,是建立在以工作过程为导向、以职业岗位来定位、以课程标准来规范、企业行业专家参与课程设计、企业行业专家参与教材编写的建设思路上,并以职业岗位能力与技能的培养为基本目标、以职业标准为基本内容、以教学模块为课程结构、教学过程贯穿工学结合、推动教师转变教学观念、深化课程内容的基础上。

(二)形成三级金字塔形的核心课程群

国家实施精品课程和质量行动计划以来,旅游职业学院贯彻以服务为宗旨、以就业为导向的指导方针,体现了高校教育的办学定位。在核心课程建设中,特别强调专业核心课程要以岗位分析和具体工作过程为基础设计课程,课程设置要合理,符合科学性、先进性和教育教学的普遍规律,具有工学结合的鲜明特色,并能恰当运用现代教学技术、方法和手段,教学效果显著,具有示范、辐射作用。经过几年的建设,已经形成了"国家级、省级、院级"三级精品、核心课程体系,形成金字塔形的核心课程群。

国家精品课程的建设带动了各地精品课程的建设工作,各省市非常重视精品课程的建设工作,一大批具有高职院校教学特色、拥有高素质师资队伍和科研实力的课程被评为省级精品课程,在专业课程建设中发挥了巨大的示范作用。连续几年发布关于年度高等学校精品课程申报工作的通知,要求高职高专院校要根据高等职业教育人才培养目标和办学特点,按照国家职业分类标准和职业资格认证制度要求,在贯彻理论必需、够用为度原则的基础上,注重课程职业性和实用性。

(三)推出一批有特色的专业教材

与课程建设密切相关并与之配套的,是学院的专业教材编写与建设问题。教材建设是学校的一项基本建设工作,是衡量一所学校办学水平高低的重要标志之一,是保障和提高教学质量,深化教学改革的重要支柱和基础,是实现人才培养目标的重要保证。

为进一步推动高职高专教育教材建设工作,规范教材编写,调动一线教师在教学和科研工作基础上建设高质量教材的积极性和创造性,根据高职高专院校人才培养、课程建设和学科发展的需要,职业学院可以坚持"统一规划,分类指导,逐步建设"的原则,积极建设一批具备国家级教材水平、体现地方办学特色的高质量教材,形成一批具有本院教育特色、符合本院教学改革实际的教材,为推进旅游类高职高专教育人才培养提供坚实保障。

各个旅游职业学院应注重对工学结合的高职教材的开发与编写,逐步树立职业为导向的教材开发与建设理念。教材作为体现高职教育特色的知识载体和实施教学的基本工具,是高职院校专业建设和课程改革的直接成果。高职教材的建设,要依托专业内涵建设这个平台,要以专业人才培养方案的系统设计来指导教材的建设。教材内容要以课程标准为依据,按项目化、学习领域等不同类型的课程设计理念进行有针对性的选取,将课程涵盖的知识、技能、态度模块化、项目化。同时,高职教材的编写必须体现行业企业的参与,要吸引行业企业的行家里手参与到教材建设中来,更好地体现校企合作和工学结合的高职教育的特色。院级自编教材体现了校本性、动态性、操作性等特征,为实施具体的高职教学提供了极为重要的支持。

二、构建实践教学体系

旅游高等专科学校以毕业生在行业的集聚度和科研成果对行业的贡献度为基本办学目标,坚持"面向国际,依托行业,创新教学,培养专才"的办学理念,根据人才培养的规律性、成长性与发展性需要以及本校各专业融合度的实际情况,以"专业+能力+素质"为主线,建立了一个"开放和融合"的实践教学体系。

实践教学体系是学校整个教学体系的重要组成部分,它与理论实践教学体系既相互独立,又相互联系,学科之间既相互交叉,又相互区别,共同构成学校的教学体系。实践教学以实习、实训、实验三方面内容构成实践教学的主体部分,并建立实践教学保障体系、实践教学管理体系和实践教学评价体系,以保证整个实践教学目标的实现。社会、行业、企业对实践教学的内容和方法起到动态影响的作用,并不断推进实践教学的改革和发展。

(一)实践教学体系的构建思路

旅游专业的实践教学体系源于旅游行业的要求、社会发展的需要以及企业人才的需求,它建立在职业岗位(群)的知识结构、能力结构、素质结构的需求分析基础之上,并根据实践教学的内容分解为实习、实训、实验三个层面,内容建立在实践教学保障体系、实践教学管理体系和实践教学评价体系三个平台上运行。它以社会、行业、企业和需求为指导,构建以专业+能力+素质为主线的实践教学体系,通过实践教学运行和管理,推进实践教学的工作,最终通过评价发现存在的问题,并以社会、行业和企业的需求反馈信息调整原有的实战教学内容、方法和手段。这个体系建立在一个开放和融合的环境中,不是以固化的实践教学内容去培养未来行业、社会和企业需要的人才,而是需要体系内外信息畅通、信息传递及时,同时体系中各块工作相互协调配合,在动态中发展前进。

(二)具体运用

1. 实践教学管理体系

从组织管理方面,学校在教务处下设实践教学办公室对全校的实践教学进行宏观管理,制定相应的管理办法和措施,各系、部负责实践教学计划的制定以及实践教学活动的组织和实施。

从运行管理方面,各系、部要根据教务处的要求,制定独立、完整的实践教学计划,并针对实践教学计划编写实践教学大纲,编写实践教学指导书。

针对学校的酒店实训中心、中式厨房实验室、模拟导游实验等建立了有关安全、卫生、设备管理等实验、实训管理制度,编写了重要设备操作规程和注意事项,并将相关规章制度和安全警示制成告示牌,使实训场所具有明显的职业特征,使实践教学管理系统化、职业化、社会化。

2. 实践教学保障体系

实践教学保障体系是以人、财、物三方面加以配合保证实践教学的有效运行。

(1)更新实践教学观念,重视实践教学基地建设。许多学校原有的实践教学分为三大环节,即少量的课堂实训、一周的认识实习和最后的顶岗实习(或毕业实习),这种实践教学的安排导致学生只是蜻蜓点水般地了解了专业技能,理论基础不够厚,实操技能不够熟,管理思维不够深。某校于2006年对实践教学进行了改革,改革后的实践教学分为五个环节,即岗位基本技能实训、岗位专项技能实训、岗位综合技能实训、岗位拓展技能实训、顶岗实习。岗位综合技能训练包含从设计旅游产品、报价、合同、采购到结算完整服务过程的训练。岗位拓展技能训练是指转岗或上升到管理层应具备的技能,如计调部经理应拟定管理制度,适当进行导游或销售岗位的训练,以适应转岗的需要。顶岗实习,是学生进入企业实景进行为期半年的实习,具备学员和雇员的双重身份,并在实践中进一步成长。

上述五个阶段通过借助校内外实训基地开展的实训活动贯穿始终,实现人才交互成长,充分体现教、学、做一体,在做中学的职业教育的最基本的教学理念。

(2)优化教师队伍,培养高素质、高技能的师资。学校可以采取培养和聘请相结合的方式,优化师资队伍,加强名师工程建设。通过挂职锻炼、定期到国内外院校进修或讲学、国内外学术交流与合作等途径,提升师资队伍的教学、科研、管理水平。通过与知名旅游企业或酒店合作,从中聘请稳定的校外兼职教师打造一支师德高尚、熟知旅游行业职业教育教学、具有国际化背景的专兼结合的教学团队。

(3)建立专业建设指导委员会对实践教学工作进行业务指导。实践教学的人才培养目标的设定应建立在科学分析的基础上,既要符合学历教育的需要,又要符合职业教育的需要。可以成立由行业专家和学校专业骨干教师参与的专业建设指导委员会,对各专业的人才培养方案、人才培养计划、课程设置,按照"顶层设计,分类指导"的原则,做好各项业务指导和管理工作。通过源头的精心设计与规划,培养出来的学生才能真正胜任职业岗位对学生综合能力的要求。

第五节 建立面向旅游专业应用型人才培养教学效果评价机制

一、旅游专业应用型人才培养教学效果评价的指标

旅游专业实践教学评价指标体系的构建,是以实践教学内容为框架,由校内实训评价指标体系、校外实习评价指标体系、毕业论文评价指标体系三部分构成。其中校内实训评价指标体系由两个一级指标、八个二级指标构成;校外实习评价指标体系由两个一级指标、八个二级指标构成;毕业论文(设计)评价指标体系由两个一级指标、六个二级指标构成。

对于以上指标体系,采用专家调查法、层次分析法等方法,分别确定各评价指标的等级标准及权重系数,以此对实践教学进行评价和控制。

(一)校内实践评价指标体系

以吉林师范大学旅游专业为例,校内实训主要由课程实训和课外实训两部分构成(如表2-3)。

表2-3 校内实训评价指标体系

一级指标	一级指标	二级指标	权重
校内实训评价	课程实训	硬件条件	0.1241
		内容设计	0.0667
		实训时数	0.0385
		实训效果	0.0196
	课外实训	保障条件	0.0207
		内容设计	0.3904
		实训时数	0.0896
		实训效果	0.0504

校内实训评价指标体系由课程实训评价指标和课外实训评价指标构成。校内实训教学需要依托校内实践、实训场所及设施设备,教师对课程实训、课外实训内容的设计和组织,以及对学生课程实践、课外实训效果进行评价和总结。

(二)校外实习评价指标体系

校外实习由野外实习和专业实习构成,其评价指标体系也分成野外实习部分和专业实习部分(如表2-4)。

校外实习评价指标体系由野外实习评价指标和专业实习评价指标构成。其中野外实习需以实习基础条件为依托,通过合理配备实习指导教师、设计实习内容,并评价实习效果和进行总结;专业实习需以实习基地建设为基础,实现合理的指导教师配备、实习时间设置,并对实习效果及对学生就业的贡献率进行评价。

第二章 面向应用型人才培养的旅游高等教育课程设置

表 2-4 校外实习评价指标体系

	一级指标	二级指标	权重
校外实习评价	野外实习	基础条件 指标教师配备 内容设计 实习效果	0.1269 0.0656 0.0379 0.0196
	课外实训专业实习	实习基地建设 指标教师配备 实习时间 效果及就业贡献率	0.4001 0.0878 0.0472 0.2150

（三）毕业论文（设计）评价指标体系

毕业论文（设计）是本科教育非常重要的教学环节，是对学校教育的综合检验。对于旅游专业来说，毕业论文（设计）环节是学生对大学期间所学的旅游管理基本理论、大学期间培养的实践能力进行的创造性的综合运用。因此，对毕业论文（设计）环节进行质量把关、严格监控是十分必要的。旅游专业毕业论文（设计）的评价主要由质量综合评价和教学过程实施评价两部分构成（如表 2-5）。

表 2-5 毕业论文评价指标体系

	一级指标	二级指标	权重
毕业论文（设计）	论文整体质量	选题质量 能力水平 论文规范	0.4673 0.1472 0.1855
	教学过程实施	组织实施 论文答辩 成绩评定	0.1079 0.0327 0.0594

以上从 3 个方面分析了旅游专业的实践教学评价体系的构建思路。随着国内旅游教育的不断深入，以及学界、业界等对旅游专业实践教学的不断关注，实践教学内容也将不断丰富。此外，不同旅游管理专业的办学基础、特点各不相同，实践教学的评价指标体系也不可能是统一的，因而各校应根据各自的特点构建适合自身发展的实践教学评价指标体系。

二、旅游专业应用型人才培养教学效果评价的类型

（一）全面评价

1. 前置评价：诊断性评价

诊断性评价，顾名思义，又称为教学前评价、准备性评价或前置评价，指在教学活动开始之前，教师对学习者的学习基础、学习风格、学习能力、学习特征、情感态度等状况进行预测，以判断学习者是否具备达成当前教学目标所要求的条件。

诊断性评价作为教学评价的一种形式，有着其不可忽视的优势。教师通过诊断性评价辨别影响不同类型的学生继续学习的因素，以便于教师适当帮助学生，在下一个教学活动开展之前及时调整教学策略、因材施教，有针对性地对学生学习作出评价。在教学进程中实施诊断性评价可以确定造成学生学习困难的因素，以最大限度地帮助学生取得更大的进步。

2. 过程评价：形成性评价

形成性评价重点强调对学生思维方面的进展展开批判性的评价，使用的方式是让学生书写自己所学到的内容并说明学生自己认为学到了东西的原因，这样的评价得力于写作和思考性的内容，所以很可能会使学生对自己所学的知识能够较灵活地使用。能够灵活使用自己的知识可能会帮助学生发展一定的测试技巧，比如批判性阅读技巧可能会帮助学生更好地理解州级高风险测试中的阅读选择题。

例如，STEM项目学习中的形成性评价涵盖了学习性手工制品的积累，这些手工制品是在教师清楚明白地指导下组合做成的。教师驱动的方向与STEM项目学习所期望的学习结果相一致，手工制品是学生所学知识的总结或者是作为知识产品来勾画出一幅有关学生所学内容更丰富、更完整的图景。在这个方面，STEM项目学习的形成性评价应该是

第二章　面向应用型人才培养的旅游高等教育课程设置

帮助学生应用知识的方法,此方法所关注的重点是拥有知识而不是测试结果。因此,STEM项目学习的形成性评价必须超越用公式测试学生的成功。

　　STEM项目学习的评价既评估学生个人的表现,也评估小组的表现。让形成性评价与学习活动和学习环境相匹配很重要。例如,小组活动中的个人的形成性评价,其效果次于更广泛的基于小组的评价。如果学生开展个人学习,那么基于小组的评价可能会造成评价方法与个人学习的不和谐,因而对学生的学习有负面影响。对于基于小组的学习来说,如果小组成员驳杂分配,那么很少需要进行定制式的评价。当学生随意分组或者自行组合时,要修改评价使其适合每个小组的特征或学术特质。假如评价是高度设定的,项目学习小组可能只会呈现某一具体目标,相比来说,事先设定较少的小组,更能呈现出丰富多彩的作品。与此类似,内容也是核心的变量因素,应该在设计评价的过程中适当修改。有些内容用一些方法比另一些方法更容易评价。例如,通过创造性地评价任务来评估知识水平是颇具挑战的一件事。因此,在分析或评估层级上评价内容就比较困难。

　　3. 结果评价：总结性评价

　　终结性评价主要是集中在评估学生遵守既定的教学过程之后已经完成的学习。从最广义的角度来看,几乎任何评价都可以形成性或者终结性方式来使用,虽然有些评价任务,如多项选择测试题,仅仅提供了有限的信息。

　　例如,在理想状态下,STEM项目学习的终结性评价任务和教案的设计同时进行。但是,在项目开展的后期,修改事先计划好的评价量规或者创造新的评价量规,这都不是什么罕见的事情。从这个角度来看,终结性评价并非要让位给教学过程本身而等到教学结束的最后一天才开展。终结性评价可以在整个教学过程中以较小的增量单元逐步开展。教师可能会选择简短的终结性评价任务来引导学生在和其他同学共同学习的过程中走向进步与提高,强调学生的个人问责意识或者引导学生发展自己的内容知识。但是,在开展这种简短的评价性任务的同时,教师应该提前帮助学生做好准备,而不应该让学生对这些任务感到吃惊。就像教师不乐意在没有准备或者不知道评价教学标准的情况下被评价,使用让学生吃惊的终结性评价会让学生泄气,减少他们本来的内在动力,使小组学习和个人学习无法延续,甚至会使整个学习过程大范围地崩溃。只有向学生介绍了内容方面紧密相连的形成性评价任务之后,才应该使用STEM项目学习的终结性评价。

(二)混合教学评价

1.在线的协作互评

在线协作互评注重评价主体的多元化,评价主体由教师主导转向多元主体评价。多元主体评价,指的是多方人员或组织(如教师、学生、家长、管理者、社区等)作为评价的主体,对被评者进行评价,并且使被评者同样成为评价主体的一员,赋予被评者更多的责任,实现他评、自评、互评的多元评价主体相结合,再通过评价反馈到学习过程中来。在传统教育评价过程中,教师作为主要的评价主体,占据权威位置。学生被动接受教师评价,并且只能从教师那里获得反馈,教师评价对学生的影响比较大,作用也非常重要。这种单一评价主体、单向的评价模式导致评价结果片面,缺乏客观性和真实性,学生的主体性得不到体现,使得难以从评价结果中全面认识学生,难以发挥促进学生学习的作用。

互联网是开放的体系,用户参与建构是其核心特征之一。"互联网+"技术的发展,使得多种技术、方法、手段被运用到教学和学生评价中,不仅赋予了学生自评和互评的权利与机会,而且由过去教师主导实施评价发展到由教师、学校领导层、教育管理部门、家长、学生、社区、社会企业机构或组织等组成的多元主体对学生实施评价。在大数据收集学生信息的基础上,使用科学的学习分析技术,对学生全学习过程和生活实践过程进行监督和分析,能够做到客观、真实、科学地评价学生,并给学生准确的反馈,以帮助学生认识自己,发展自己。

MOOC的特性打破了传统的教授—学习—评价模式,大量学生同时在线学习使教师无法对每个学生做出详细的评价,而同伴互评体系正好解决了这个问题。同伴互评是学生互相评价彼此的作业,是建立在社会建构主义理论基础上的一种学习活动。加利福尼亚大学的Calibrated Peer Review模型在开发的时候,不仅仅适用于在线MOOC平台,也适

第二章　面向应用型人才培养的旅游高等教育课程设置

用于一般的线下教育模型。该评价系统的最大特征是其指出的 General Per Assessment Process,此过程和一般的同伴互评系统相似,但是增加了一个标准化的过程。在标准化过程中,每个参与同伴互评的学生会先对已被教师评价过的三篇标准文章进行评价,并产生一个分值。学生分值与教师分值的接近度将被用来作为衡量学生同伴互评能力的指标,这个指标在此学生后续对其他学生评价的过程中将被用作参数,学生评价与教师评价的接近度越高,日后参数的取值范围越大。

2. 面向教师的自适应测评

理解自适应测评的关键,是要记住这些工具根据学生对上一个问题的回答调整学生将会看到的问题。当学生准确地回答问题时,问题的难度将会增加。如果学生需要努力才能解决问题,问题会变得更容易。

这种类型的自适应完全集中在工具的评估特征和能力上。

自适应测评根据学生是否正确地或不正确地回答问题而改变和响应。这种变化通常会改变问题的难度级别。例如,如果学生正确地回答一个简单的问题,提供的下一个问题将提高难度。

(1) 什么是测评自适应

传统测评的设计有两种方式:固定形式或自适应。固定形式测评是固定预选项目,并且每个学生在同一组问题(例如,期末考试)上进行测试评估。在自适应测评中,项目根据个别学生如何回答每个问题而改变。更改的通常是项目的难度级别。例如,如果学生正确地回答一个简单的问题,他们收到的下一个项目将有点困难,等等。

在目前已有的学习工具中,发现有两种方式使用自适应测评:作为练习引擎或作为监测学生进步的基准评估。

练习引擎用作练习引擎的自适应测评包括不同难度级别的问题池,它们与学生刚刚审查的内容一致。

这些测评通常来自课后,学生回答问题,以展示所掌握的技能。

学生继续在实践引擎中解决问题,直到他已经正确地回答了足够困难的问题。一旦学生达到了掌握的目标,他就继续前进到下一个技能(如 Fulcrum Labs、Learn Smart)。

基准测评用作基准工具的自适应测评通常是一个更长、更正式的测试,每几个月管理一次,以便衡量学生的学习情况。这些测评通常作为独立测试给出。

例如,学生可能每三或四个月进行一次在线自适应测评,以衡量他们学到的知识。结果通常通过数据控制面板和报告(如 i-Ready Diagnostic、Lexia Rapid、NWEA)传达。此外,一些工具分析结果为每个学生创建学习路径,也可由教育者(如 i-Ready Diagnostic)接管下一个自适应测评。

其中一些测评用于衡量技术进步,采取额外的措施,以确保它们是高质量的测试。数学模型用于分析大量学生在测试的不同部分上的表现,以确保项目是可靠和有效的。这些工具不同于只为学生提供差异化内容的工具。例如,存在一组工具,其提供测评,分析测评数据,然后基于它们的测评结果为每个学生分配学习路径。学生在这些学习路径上工作,直到手动管理另一个测评,并创建新的学习路径(如 i-Ready、Lexia)。

虽然这些类型的工具为学生区分内容,但它们没有真正的自适应序列。它们不会连续收集学生在内容或测评中表现的数据,并使用数据自动调整学生的学习路径。

(2)面向教师的两种自适应测评类型

面向教师的自适应测评主要有知识点间自适应测评和知识点内自适应测评两种,它们的研究方向各有所长。

"知识点间自适应"是一个应用广泛而且在技术上成熟的设计方案,今天我们看到的大多数自适应学习系统都属于这个类别。知识点间自适应方案主要对知识点的学习顺序进行优化,基于知识图谱的自适应学习都属于这个大类。

传统的知识点间自适应系统只对学习者做过的题的知识点展开掌握程度推断,更复杂一点的自适应系统会运用知识点间的关联关系推断学习者对未做过的题的知识点的掌握程度。这种关联推断只能算是锦上添花。尽管它降低了学习者学习整个图谱必须完成的最低做题量,但是它并没有提供探索可行学习路径的更好办法。

"知识点间自适应"系统在美国的实际运用中效果差强人意。对智能学习系统的实证效果进行统计,发现大多数混合教学并没有取得比课堂教学更好的教学效果。

①教材本身内含了一个设计良好的知识图谱与学习路径,由第三方教学专家构建的图谱与路径未必比久经考验的教材版本效果更好。

②知识点间自适应要求教师允许学习者以不同的速度学习,并且就此出现自然的教学分层现象。无论从政治环境上,还是从教师的教学负担上,教学分层都只能是一个"看上去很美"的教学设想。因为大多数知识点间自适应系统并没有 ALEKS 那样的基于掌握水平的自适应,而只有基于速度的自适应,不允许学习速度分化,实际上扼杀了自适应系统的优势。

③知识点间自适应与教师的可取代性超过互补性,所以教师运用自适应系统后偷懒也或许是效果不彰的原因之一。

而"知识点内自适应"是一种颇具中国特色的产品形态。知识点内自适应方案在给定知识点内的不同题目之间做出筛选与排序,国内大多数题库产品都与此类似。

在美国,因为可公开获取的题库在数量上与质量上都难尽人意,所以大多数自适应学习系统在知识点内都采取计算机出题的模式,包含可汗学院、Duolingo、Cognitive Tutor 与 ALEKS。这些题目本身高度雷同,所以不存在太多的自适应空间。可是,这种可控程度较高的练习题生成方式基本没有被中国的教育科技公司选用。一方面是成本的考量,另一方面也是用户体验的考量。

从成本上说,在国内获取一个数目可观、质量尚可的题库既便宜又快。从用户体验上说,家长与教师或许更希望练习题目应当类似于考试题目。

另外,国内教学环境对"超纲"相当敏感,知识点间自适应在无法自由选择教学进度的前提下并没有太大用武之地。所以,利用一个数量庞大且品质参差不齐的题库做出知识点内练习(与教学)推荐,是一个非常具有中国特色的技术问题。

课程、练习或游戏都离不开检测与考察学习者进步状况的一环——测试评估:作为练习的自适应测评(Assessment as Practice)通常被安排在课堂结束后,学习者通过练习能够检验自己学习的程度。这类测评通常依据学习材料制定不同难度的问题。

作为基准测试的自适应测评(Assessment as Benchmark Test)通常持续时间更长,形式也更正式。测试通常选用独立测试的形式,学习者每隔几个月开展一次此类的评价,以检验学习成果。

(3)更多工具以多种方式自适应

当前,学术界与业界有大量不同的自适应学习系统。教育是一个复杂的混合体系,因此,自适应学习技术还有一个线条,那就是混合式的自适应。综合运用以上两种或者若干种的自适应学习技术,设计出符合用户需求的混合式自适应系统,这种自适应更普遍。

除了识别这三个自适应领域,我们发现,我们研究的工具在这些领域中的一个或两个具有自适应功能。

例如,Lexia Learning 在内容中具有自适应功能,使工具能够立即响应学生的错误,使用纠正反馈和架构实践。虽然 Lexia 有测评,测评不是设计为自适应的,内容的顺序是为学生在他们进行初始测试后设置的。Lexia Learning 仅在内容中具有自适应功能。

但是,像 KnowRe 这样的工具,在内容和序列中具有自适应功能。这个移动应用程序的内容可以提供分步说明和其他视频,以帮助学生解决他们正在努力的数学问题。此外,KnowRe 还收集关于个别学生如何表现的数据,并使用它为学生提供与他们所需的技能完全相符的练习问题。

因此,自适应特征不仅表现在对学习内容的审查上,而且还表现在学生技能学习的序列选择上。在不同类别的自适应中,具有自适应序列的工具是最复杂的。因为围绕教学顺序的决定对教师很重要,所以需要解释这些教学决策是如何由工具做出的。

以上这三种形态的自适应学习各有侧重,但在实际使用时常常相互结合,以达到更好的教学效果。自适应学习大体上分成三大类,实际产品可能同时采取两种以上形态的结合。

3. 实时跟踪与反馈的智能测评

智能测评强调通过一种自动化的方式测评学生的发展。所谓自动化,是指由机器担任一些人类负责的工作,包含体力劳动、脑力劳动或认知工作。通过人工智能技术实现的自动测评方式,可以实时跟踪学生的学习表现,并且恰当地对他们的学习表现进行测评。以批改网为例,它便是一个以自然语言处理技术和语料库技术为基础的在线自动评测软件,它能够解析学生英语作文和标准语料库之间的差距,进而对学生的作文进行即时评分,并且提供改善性建议和知识分析结果。

通过人工智能技术实现的即时评估方式不再局限于封闭式的评估方式,而是能够通过开放的形式,对学生类似于"弹幕视频"的学习方式给出有效反馈和评估。

第二章　面向应用型人才培养的旅游高等教育课程设置

在华中科技大学的一堂广告创意策划课上,"弹幕教学"亮相。在上课的过程中,学生手持平板电脑或手机,随时能够通过网络发表疑问、提出看法,这些信息会及时展示在课件上。授课教师根据学生的反馈,随时调节授课材料和方式。这种一边听教师讲课,一边通过网络发送文字在屏幕上讨论问题的教学模式,使同学们产生了极大兴趣。

实时反馈智能测评的互动学习环境与传统授课的区别在于4个方面:更多建设性学习(或者说学生自己决定学习课题)、学生更主动、更多个性化、学生受到更多反馈。

高校旅游管理教学评价效果要在教学质量管理和监督工作、旅游专业的教学质量与监督的方法、旅游专业学位本科生实践教学监督工作方面加强。

第三章 高等教育旅游专业应用型人才培养模式与方法

中国旅游业的快速发展对旅游人才培养提出了更高的要求,旅游人才供需错位现象也更加突出。中国院校旅游管理专业人才培养模式普遍不太适应新形势下旅游业快速发展的需要,这是形成旅游人才供需错位问题的一个十分重要的原因。本章分析中国旅游人才需求状况及旅游人才培养模式与方法,以求探索出适应中国旅游业发展需求的人才培养新模式。

第一节 旅游人才培养模式构建

一、旅游人才培养的社会要求

如何培养一批高素质的、拥有良好品行的、具有良好品质且有着较高品位和一定品牌影响力的旅游管理专业学生来充实旅游服务人员队伍,保证旅游业的高速发展?这是目前旅游教育亟待解决的一个难题。本科教育的"理论化",专科教育的"本科化",职业教育的"普教化",使得当前旅游教育难以满足社会对学生实践能力的要求,旅游院校人才培养质量难以满足旅游业的发展。主要原因可以归结为以下几点。

(一)忽视学生的品行教育

在旅游教育中仅注重学生专业知识的传授和服务技能的培养,是目

第三章　高等教育旅游专业应用型人才培养模式与方法

前旅游教育存在的一大弊端。但是作为以人对人服务为主的旅游服务，从业人员的品行决定着服务的质量。长期以来，中国教育课程设置习惯了以知识为中心的学科课程模式，单一地过分强化专业教育，形成了一套过窄、过专、过深的专业课程体系。而对于在旅游行为中服务人员的技能则不够重视，导致旅游从业人员不够专业、不够职业。旅游业是实践型、技能型、服务型行业，应注重学生的礼仪规范、职业道德、服务意识等方面的品行教育。

(二)忽视实践教学环节

目前在旅游人才培养过程中存在着以下几个问题。

一是对实践教学环节重视不够，实践教学目的不明，缺少课时保证。

二是实践教学所需的校内实验设施不齐全或设施的先进程度远远落后于目前旅游企业现状。

三是实习基地不稳固，学生在实习期间得不到保障，往往未到实习结束就放弃实习。

四是实习目的和方法有待改进，有些学校采用放任自流的形式让学生自行实习，缺乏必要的实习指导。

正因为如此，学生对旅游业缺乏客观的认识，认为旅游业就是"吃喝玩乐"。旅游院校不重视实践教学环节，使部分学生没有在旅游企业实习的经历，直接导致旅游企业对旅游院校毕业生的满意度较低。

(三)缺乏真正的"双师型"教师

目前高职高专旅游类专业课师资来源主要有四种。

一是旅游管理专业本科或硕士毕业生担任教师。

二是非旅游管理专业毕业后因各种原因改行的教师，如从事地理、城建、环保等方面的教师。

三是来自旅游行业、有着行业一线经验的教师。

四是早期中专学校毕业后留校任教的教师。

由于大部分专业教师均是从学校到学校，没有在旅游企业工作和实践的经历，加之专业教师普遍存在年龄较轻、理论偏重、改行较多等问题，因此，高职高专缺乏真正意义上的"双师型"教师。

二、提高职业技能和实践能力

职业技能是按照国家规定的职业标准，通过政府授权的考核鉴定机构对劳动者的专业知识和技能水平进行客观公正、科学规范的评价与认证的活动。简单地说，职业技能是指学生将来就业所需的技术和能力。根据《国务院关于大力推进职业教育改革与发展的决定》中关于"加强职业指导和就业服务，拓宽毕业生就业渠道"的精神，调动学生学习职业技能的积极性，帮助学生提高职业技能就显得尤为重要。

实践教学是课堂教学的有效延伸和必要扩展，是培养学生成才的必经之路，直接关系到人才培养质量提升工作能否实现预期目标。作为旅游类高职学生，除了在课堂上接受专业知识的学习外，还必须通过实习实训等实践途径，把所学知识应用到实际工作中，以此减少个人对于未来所要从事岗位的陌生感，并把理论知识转化成为实践能力。职业技能分为技工类技能、餐饮类技能、工程机械类技能、服装设计类技能、美容化妆类技能、汽修类技能等。

提高职业技能和实践能力的方式主要有以下几种。

（一）建设"校中店"校内实习实训基地

校内实习实训基地是院校进行日常教学的重要场所，也是学生进行实践学习的重要场所。在校内实习实训基地的建设过程中，以"校中店"建设作为突破口，以提升院校内实训基地的仿真性为目标，努力扩大校内实训基地的专业覆盖面，为学生在校期间开展专业实习实训提供便利条件。

"校中店"作为学院建设校内实习实训基地的突破口，既要满足校内教学工作的需要，也要面向社会开放，具备真实的企业经营环境与模式。这种全真的企业环境给了学生提前接触行业企业的机会，使他们对自身的发展定位有了更为明确的认识。

目前很多旅游院校已经投资建立了三星级的实训酒店，创办了旅行社、会展与服务有限公司、营销与策划有限公司、礼仪服务有限公司等股份制实训企业。这些"校中店"实训基地架起了学生与行业企业联系的纽带，既锻炼了学生的实践能力，也成为院校学生创业的孵化器。通过在这些"校中店"实训基地的实践,学生可以清楚地了解自身所在岗位的职责如何,所需的综合素质如何,同时也使他们有了与社会客人交流的机会。在"校中店"实训基地,实习者的身份发生了变化,他们不再仅仅是一名学生,同时还是为客人提供服务的工作人员。大多数客人并不知道实习生的学生身份,而是把他们看成已经经过专业培训的工作人员,因此每一位实习生都必须从职业的高度来审视自己的每一个行为,以满足客人的高要求和高标准。

(二)建设"店中校"校外实习实训基地

除了校内实习实训基地外,旅游院校还需在校外实习实训基地建设方面进行探索与创新。坚持高起点、高标准、高要求的校外实习实训基地建设原则,着力于"店中校"校外实训基地建设,加大顶岗实习的建设力度,并加大对校外实习实训工作的巡查力度,同时引进应用实习生管理平台,实现对学生校外实习的动态管理。

除了在校内建立"校中店"的实习实训基地模式外,为了加强校企双方的深入合作,旅游院校还可以利用"企业制学院"机制体制创新,与地区主导产业企业合作建设"店中校",以提高学生的实习能力和水平。在建设"店中校"实训基地的过程中,校企双方首先明确管理的分工与职责,促使校企双方共同参与过程的管理和质量考核,保证校内外实训基地的顺利运行和实训教学质量。在此基础上,在企业管理人员的指导下,实习实训学生与挂职教师共同完成岗位工作、教学任务和研发项目,在促进企业技术进步的同时提升师生职业能力,并反哺校内专业教学改革,重点将"店中校"实训基地打造成为学生的第二、第三课堂。此外,旅游院校还会选派专任教师在"店中校"实训基地为企业的在职员工进行培训,强化实训基地的教育功能,以此推动校企双方的互补发展。

(三)加大实训教学和顶岗实习力度

为了提高学生校外实习实训的针对性和有效性,不让实习这种方式流于形式,应该切实加强实训基地中的实训教学和顶岗实习力度。在此期间,应该根据旅游企业的生产周期和实际工作时段,科学地设计顶岗实习,灵活地开展实训教学。

  在顶岗实习的管理上,旅游院校可采用集中实习和分散实习两种方式,原则上选择具有独立法人资格、依法经营、管理规范、规模较大、技术先进、有较高社会信誉度或具有较高资质等级且所提供岗位与学生所学专业对口或相近的实习单位进行实习。集中实习由校内实习指导教师带领学生赴实习单位,并由实习所在单位确定实习指导教师对学生顶岗实习进行具体指导,实习期间学生的日常管理由校内指导教师和校外实习指导教师共同负责。对分散实习的学生,由实习单位确定实习指导教师,同时各系指定专业教师分管一定数量的分散实习学生。系部建立实习管理台账,每月进行电话回访,每学期进行实地寻访。

三、校企合作教育机制

  近年来,随着职业教育的大力发展,校企合作作为职业院校的一种人才培养模式,成为社会讨论的热点。校企合作的这种优势互补、合作双赢的培养途径,是一条旅游企业与学校共跳的和谐"双人舞"。2009年,在首届国家级开发区职业教育年会上,时任教育部副部长鲁昕也多次强调"没有企业的参与,职业教育就是一句空话"。因此,创新高职院校校企合作模式,需要企业和学校双方面的共同努力。

  强国之道,人才为本,强国的核心是"人才兴国",企业的竞争终究是人才的竞争,要全面提升中国企业的核心竞争力,对高技能人才有着强劲的需求。高职院校承担着高技能人才培养的主要任务,校企合作成为各校谋求自身发展、实现与市场接轨、大力提高育人质量、有针对性地为企业培养一线高技能型人才的重要举措。

第二节　旅游管理人才培养通用模式

  人才培养模式是指学校为实现其培养目标而采取的培养过程的构造样式和运行方式,它主要包括专业设置、课程模式、教学设计、教育方法、师资队伍组成、培养途径与特色、实践教学等要素。同一类型的人才

第三章　高等教育旅游专业应用型人才培养模式与方法

可以有不同的培养模式，但具体到某一种模式，必然有其独特的架构。高等旅游教育要逐步做到和普通高等教育同步发展，要做到这一点应该构建和当前社会发展特征互相适应的特色更加鲜明的人才培养模式。

一、"工学结合"旅游人才培养模式

"工学结合"旅游人才培养模式是一种以实践型、应用型旅游人才培养为主要目的的教育模式。"工学结合"人才培养模式，从更广的层面上来说是指在广义上讲是利用学校、社会两种教育资源和教学环境，在学生学习期间交替安排学校专业理论学习和校外顶岗工作，对学生进行"知识—能力—素质"培养的教育模式；从更加狭义的层面上来说指的是"校、企、师、生"四方经过适当的配合与联系，培养更加全面的旅游人才的培养模式。"工学结合"旅游人才培养模式重点就是把实践型应用型旅游人才的培养与旅游企业紧密联系起来，在旅游工作实践中打造真正的实践型应用型旅游人才。

工学交替模式大致采取了如下两种实施方式：①工读轮换制——把同专业同年级的学生分为两半，一半在学校上课，一半去企业劳动或接受实际培训，按学期或学季轮换；②全日劳动、工余上课制——学生在企业被全日雇佣，顶班劳动，利用工余进行学习，通过讲课、讨论等方式把学习和劳动的内容联系起来，学生在学校学习的是系统课程，到企业去是技能提升训练。欧洲的部分国家即这种人才培养模式，例如德国的部分职业技术院校，在我国旅游院校也应该逐步探索这种人才培养模式，以此来培养出更加符合社会发展形势的旅游专业人才。

二、"前店后院"的旅游人才培养模式

在所谓"前店后院"的人才培养模式中，"后院"即课堂，指课堂上的理论教学；"前店"即课堂理论教学之外的其他教学成分，分为校内生产性实训基地和校外实训基地。"前店后院"就是以旅游行业的雄厚资源为平台，以培养应用型、技能型人才为目标，以理论教学和实践技能密切结合为原则，以教师与学生双重角色的交叉互换为手段，以产学研结合为途径的人才培养模式和教学运行模式。

(一)学校引进企业模式

将企业引进学校后,也就是将企业的一部分生产线建在校园内,就可以在校内实行的"理论学习"和"顶岗实训"相结合的办学模式。这种模式一方面为企业提供了更加充足的发展场地,另一方面也为学校实习提供了充足的训练设备,对企业与学校来说是双方共赢的培养模式,真正做到了企业与学校资源共享,获得"产学研"相结合的多赢途径。

(二)校企互动模式

由企业提供实习基地、设备、原料,企业参与制定学校的教学计划,并指派专业人员参与学校的专业教学。通过企业优秀管理者或技术人员到学校授课,促进校企双方互聘,企业工程师走进学校给学生授课,同时学校教师给企业员工培训,提高员工的素质。通过校企双方的互聘,使学生在教学中获得技能训练的过程,既是提高专业技能的过程,也是为企业生产产品、为企业创造价值的过程;既解决了实训经费紧缺的难题,又练就了学生过硬的本领,真正实现在育人中创收、在创收中育人。

通过校企合作使企业得到人才,学生得到技能,学校得到发展,从而实现学校与企业"优势互补、资源共享、互惠互利、共同发展"的双赢结果。

三、"订单式"人才培养模式

"订单式"人才培养模式要求高职院校与用人企业针对社会和市场需求共同制订人才培养计划,签订用人订单,通过"工学交替"的方式分别在学校和用人单位进行教学,学生毕业后直接到用人单位就业的一种产学研结合的人才培养模式。该模式将企业直接引入职业教育,让用人单位直接参与人才培养全过程,整个教育活动都是围绕协议而展开。

学生在进入学校的同时就肯定会有工作,其毕业的时候就可以直接就业。实现招生与招工同步、教学与生产同步、实习与就业联体,学生是由学校选拔的学生和企业招收的员工组成,教育的实施由企业与学校共同完成,培训和考试内容来源于企业的需要,开设为本企业所需的专业技能和实习课程,企业在具体的职业培训中发挥着更为重要的作用。

根据企业需要进行短期的技能培训,培训完后,经公司组织考核合格,就可按合同上岗就业。这种合作针对性强,突出了职业技能培训的灵活性和开放性,培养出的学生适应性强,就业率高,就业稳定性好。但不足之处就是,学校很被动,培养多少人,什么时候培养,完全根据企业需要,学校没有主动权。这是一种初级的合作模式,一般在中专院校运用得比较多。

第三节 旅游专业教学方法

一、以问题为基础教学法(Problem-Based Learning)

我国旅游业的蓬勃发展产生了对旅游人才的巨大需求,为高校旅游管理专业提供了良好的发展机遇。但是,随着知识经济时代的到来,信息技术迅速发展,竞争环境动态多变,对旅游人才的终身学习能力、知识应用能力、复杂环境适应能力、创造创新能力及合作沟通能力都提出了更高的要求。Problem-Based Learning(以下简称PBL)旨在培养学生的自我学习意识和解决问题能力,与旅游管理专业培养应用型、产业领袖型人才的目标相吻合,将PBL引入旅游管理专业教学将会促进旅游人才培养模式的创新,对培养适应产业发展需要的旅游人才有重要的意义。

(一)PBL简介

PBL是指以问题为基础的学习,PBL的学习过程是学习者从实际问题出发,发掘与主题相关的所有问题,以问题为焦点,以团队合作的方式收集和整理有关信息资料,从而让学习者了解问题解决的思路与过程,灵活掌握相关概念和知识,从中获得解决现实问题的经验,最终形成自主学习的意识和能力。由此可见,PBL包含以下要点:问题为中心、小组形式、自我导向。

（二）在旅游管理专业中有效实施 PBL 教学法的策略

1. 领导重视是前提

PBL 教学法是一种全新的教学模式,在我国尚处于起步阶段,虽然国内有些医学院校已经先期开展了试验,且取得了良好成效,但尚未普及。任何新事物在发展初期都会遇到阻力,PBL 教学模式实施中也遇到很多问题,如师资、教学资源和设备的缺乏、学生的不适应等。改革的实施以及后续问题的解决都需要领导的支持,所以院校领导应首先对 PBL 教学法进行认真学习和积极推广,加大 PBL 改革的宣传力度,促进旅游管理专业教师对 PBL 教学模式的了解,建立合理的激励机制,提高教师对改革的热情。这样才能为 PBL 教学改革创造有利条件,为它有效实施奠定基础。

2. 资源保证是基础

在师资方面,有质和量两方面的要求。首先,由于 PBL 要求分小组进行讨论,如果按照国外模式需 6—7 人一组,且每组都有一位带教教师。与传统教学相比,一个班级(通常由 30 多人组成,有些院校每班人数甚至可达 40—50 人)要被拆分为几个小组,教师需求数量显然高出几倍,因此要保证 PBL 教学的质量必须有充足的教师。其次,要对教师的指导技巧进行培训。PBL 对教师的角色转变提出了要求,教师须从内容传授专家向过程控制专家转变,愿意与学生分享权力并且与学生建立合作型的工作关系。巴罗斯认为,一个胜任 PBL 的指导者应同时具备学科能力和指导技能。这要求教师不仅在旅游专业研究方面有较深的造诣,而且要知道何时并且如何干预学生的学习过程,所以有必要针对教师进行 PBL 教学技巧的培训。

在试行和推广 PBL 教学模式过程中,为保证教学效果,必须扩大图书馆藏书量,添置必要的实验设备、教学仪器及电子工具等。鉴于年轻的旅游学科地位较低,大多数高等院校对旅游管理专业的资源倾向不够。所以,是否购置充足的教学设备和资源是决定 PBL 教学法在旅游

第三章 高等教育旅游专业应用型人才培养模式与方法

管理专业中能否有效实施的重要因素。

传统的教材编排体系适用于传统教学方法,以问题为基础的PBL教学法要求改变以理论为主体的教材编排体系,教材编排须以开放的、能够自由探索的、结构不良的、随新情况而变化的问题为基础,以引导学生自我学习为原则。而目前没有现成的资料可供参考,需要教师推陈出新,制定与旅游管理专业实际相结合的新教材设计模式。而且小组式的学习方式对学生的团队合作能力提出了很高的要求,需要改变原有的课程安排,在专业知识学习的基础上增加学习技能培训的课程。

3. 问题设计是关键

问题设计是决定PBL教学法成功与否的关键因素。PBL中的问题设计要遵循如下原则:第一,问题是存在于真实情景中的、结构不良的。这要求教师与旅游产业界保持深入的联系,将旅游产业发展热点问题引入课堂深入研究。第二,问题设计能够激发学生的学习动机。教师应多与学生交流,了解他们的知识水平和兴趣点,使问题与学生的兴趣点相契合,这样可以最大限度地调动学生的积极性和主动性。第三,问题设计要以课程目标为基础。问题的设计必须是建立在对学习任务及其背景有深刻了解的基础上,只有这样,才能在解决问题的过程中按部就班地掌握到系统的理论知识。

4. 合理评价是动力

PBL教学法的评估应以实践为背景,应对基于活动的过程进行评估,学生应与客户、同事以及在职业生涯中可能遇到的人一起工作,学习结果、教学方法应与学习目标相一致。而且他们还进一步补充,PBL教学法的评估应着眼于学生如何整合整个学习过程,而不仅仅是实际学到了什么。笔者非常赞同上述观点,认为应该使评价方式、评价主体、评价内容多元化,合理的评价可以促进学生对PBL的接受和认可,从而为它的有效实施提供动力支撑。

5. 循序渐进是原则

鉴于传统教学法的长期实施对教师和学生的根深蒂固的影响，以及 PBL 教学法在我国的医学院校先期试验中所遇到的问题，将 PBL 教学法引入旅游管理专业教学应遵循循序渐进的原则，根据院校的实际情况，分时期、分阶段实施。在实施过程中不断摸索、不断总结、不断调整，探讨出符合旅游管理专业实际情况的 PBL 教学法。

二、在线学习教学法（E-Learning）

所谓 E-Learning，简单地说，就是在线学习或网络化学习，即在教育领域建立互联网平台，学生通过 PC 上网，通过网络进行学习的一种全新的学习方式。

为了让旅游组织更具有竞争力，在人力资源方面的投资变得日益重要。全球旅游以及旅游带来的收入导致了社会全球化，这一现象对服务质量和技术标准提出了更高的要求，更使得旅游教育与培训机构面临巨大的挑战。人力资本是能力、服从力和忠诚的总和，与其他的资产不一样的是，人力资本具有可增值性。而且，目前技术仍然依靠人力的投入。如今，对于管理者来说的一大挑战就是使用人力资本来获得更大的优势。

未来社会的成功将大量依赖和依靠于精干、高效的组织和战略合作伙伴。基于这个原因，旅游和酒店教育机构在培养将来的行业人才时，需要特别注重对人才全球化、地区化竞争力的培养。随着世界日益全球化，时间紧迫，世界需要高等教育和更多的培训。人们也正在寻找替代传统的面对面的教育体验的其他学习方式。需求如此之大，以至于很多大学、学院和学校也都开始了一些适应学生需求的在线学习项目。

学习框架协会（2000）和奥布林格、巴罗内与霍金斯（2001）提出如果我们清楚地知道从用户的角度出发在线学习中的"E"是什么意思，那在线学习的重要性就清楚了。用来提高教学质量的在线学习的形式可以有许多种，具体形式如表 3-2 所示。

表 3-2　从用户角度出发的在线学习中的"E"

探索 （Exploration）	在线学习者使用网络作为探索性工具来获得大量的信息和资源
经验 （Experience）	网络可以为在线学习者提供总的学习经验，从同步学习到螺旋式讨论再到自我学习
契约 （Engagement）	网络可以通过创造性的学习方法培养学生的协作意识和社区意识
使用简单 （Ease of use）	网络易于使用，不仅学习者已经很熟悉媒介的导航功能，而且供应商也可以很容易地通过所有技术平台（Windows，N4ACU-nix 等）将学习内容提供给学习者
授权 （Empower-ment）	网络授权在线学习者，让他们拥有个性化的学习内容，而且能选择适合他们的最好的学习方式

第四节　高校不同层次旅游教育人才培养

旅游业的大发展为旅游教育提供了挑战和机遇，在这种形势下，中国旅游教育应进行深刻的反思和创新，只有在旅游教育理念、培养方案、培养途径上进行全面创新，才能为旅游业培养高素质的人才，才能使旅游教育得到全面的发展。

一、本科层次旅游教育人才培养

本科层次旅游管理是战略性新兴（支柱）产业人才培养计划项目，其目的是培养具有良好的人文与科学素养，了解旅游产业现状及发展趋势，掌握扎实的经济学、管理学学科基础知识和旅游管理专业知识，能够在旅游企事业单位和行政管理部门从事旅游管理工作的复合型、应用型高素质人才。

（一）人才培养目标定位与人才培养规格分析

1. 人才培养目标定位

针对旅游管理专业具有很强的综合性和实践性的特点，一般是将"培养应用型旅游管理的高级专门人才"作为其专业定位的，这要求培养的人才是理论与实践相结合的能力型、复合型人才。

2. 人才培养规格分析

具体如下：

（1）热爱祖国，坚持四项基本原则，有理想、有道德、守纪律，初步树立马克思主义的科学世界观和方法论。

（2）身心健康，具有较好的文化修养、良好的职业道德和行业素质。

（3）掌握现代管理科学和旅游学科的基本理论，熟悉中国关于旅游业发展的方针、政策和法规，了解旅游管理学科前沿动态和旅游业的发展动态，具有合理的知识结构。

（4）具备扎实的从事旅游企业经营管理所需的基本理论、知识和技能；掌握初步的与旅游策划、国际导游、旅游教育培训等工作有关的理论、方法和技能；具备运用旅游管理理论分析和解决问题的基本能力。

（5）熟练掌握 1—2 门外语的听、读、说、写、译技能，具有较强的双语表达能力和人际沟通的能力，具备应用计算机的能力。

（6）具备一定的科研能力，对旅游管理等相关课题能进行试探性的研究。

（二）课程设置和课程结构分析

1. 课程设置

（1）公共必修课程模块

公共必修课程模块包括思想道德修养与法律基础、马克思主义基本原理、中国近现代史纲要、毛泽东思想与中国特色社会主义理论概论、形势与政策、学校英语、英语口语、体育、计算机、军事。

（2）专业必修课程模块

旅游管理专业基础课包括数学、旅游学原理、组织行为学、旅游地理学、旅游文化学、人力资源管理。

旅游管理专业先导课包括现代酒店管理、旅行社经营管理、休闲学概论、旅游策划学、餐饮管理概论。

（3）专业限定选修课程模块

酒店管理专业方向课程包括酒店房务管理实务、酒店餐饮管理实务、国际连锁酒店经营管理、度假酒店开发与经营管理、酒店质量管理、酒店工程与物业管理、食品营养与卫生、中西餐与酒水知识、酒店服务质量管理、专业英语等。

旅行社管理专业方向课程包括旅行社产品策划、旅行社营销管理、跨文化交流、出境旅游管理实务、入境接待导游业务、旅行社专家系列讲座、旅游消费者行为学、景点导游、旅游企业客户关系管理、专业英语等。

休闲与旅游管理专业方向课程包括城市游憩学、旅游度假区开发与管理、公园规划与管理、文化遗产管理、休闲经济与产业政策、娱乐与休闲场所经营与管理、城市休闲空间设计与规划、专业英语等。

旅游策划专业方向课程包括区域旅游规划、大型活动策划与管理、项目管理概论、旅游市场调研与预测、旅游景区开发与管理、旅游营销策划、旅游制图理论与技术、主题公园经营与管理、旅游应用文写作、专业英语等。

（4）专业任意选修课程模块

专业任意选修课程模块包括品牌策划与管理、网络营销、旅游广告与促销、中国主要客源国与旅游目的地、旅游者行为学、旅游环境学、旅游景观规划与设计、广告理论与实务、国际旅游发展导论、宗教文化、旅游美学、旅游文学、社交礼仪与沟通技巧、中外饮食文化比较研究、国内外休闲产业比较研究、消费者行为学、茶艺与茶文化、插花、摄影艺术、户外游憩、餐饮营养学、调酒技艺、拓展训练、世界管理名著选读、企业战略管理与创业学、宴会知识与创新、第二外语等。

（5）实践教学环节模块

实践教学环节包括短期调研与认知实习、校园实训、毕业顶岗实习和毕业论文。

2. 课程结构特点

在专业必修课中,专业学位课程为34学分。在限定选修课中,开设6个专业方向,分别为旅行社经营管理、旅游策划、休闲与旅游管理、酒店管理、国际导游、餐饮管理,每个专业方向设有9—12门课程,共计26学分,每位学生选择并完成其中一个专业方向模块的全部课程。在任意选修课中,学生除了可以选择一些扩展知识面的课程外,还可以选择其他专业方向的部分课程作为任意选修课程予以选修。除在二、三年级安排三周的旅游企业、旅游目的地见习考察之外,从第七学期开始安排24周的旅游企业顶岗实习,共计15学分。

为培养复合型专业人才,本专业对外语要求较高,需要熟练掌握听、读、说、写、译技能,同时初步掌握一门第二外语。为此,本专业的学生必须选修专业外语,同时选修第二外语。

(三)人才培养计划及可行性分析

1. 培养计划特点分析

(1)坚持德、智、体全面发展

在制订教学计划时,应坚持全面贯彻国家的教育方针,注意安排马克思主义理论的思想品德课、体育课和公益劳动,加强对学生进行爱国主义、艰苦奋斗、实事求是、职业道德及文化素质教育,培养学生的创新精神,提高学生的综合素质,在专业教育方面,切实保证培养规格的实现。

(2)重视理论性与实践性的有机结合

旅游管理专业的人才将从事旅游行业的工作,而旅游业是服务行业,对人才的实践能力有较高要求,同时对本专业本科的培养理应有别于旅游职业教育,要做到理论性与实践性的有机结合,理论是内涵,实践是体现。制定教学计划时应坚持贯彻产、学、研相结合的思想,面向旅游市场和经济建设,从实际出发,主动适应市场需要,充分利用社会资源。为此,在设置课程时,应注重传授知识和培养能力相结合,实践能力培养贯穿教学全过程,每学年都要求学生结合所学的理论知识进行实践,如在景区、旅行社、宾馆等企事业单位安排实践环节课程。

(3)构建合理的知识结构,体现整体优化

由于旅游管理学科的综合性,需要学生具有扎实的自然科学基础理论知识和人文社会科学及经济管理方面的理论知识。制订教学计划应从提高学生综合素质的角度出发,以培养理论知识、实践能力为主线,立足教学过程全局,对教学内容进行选择配置、有效组合和合理排序,实现教学计划的整体优势。

第一,体现在管理、经济专业课程的开设,如管理学原理、经济学原理、人力资源管理、旅行社经营管理、现代酒店管理、旅游经济学、会计学原理、市场营销学等,系统地为学生构筑了经济、管理等方面的专业知识框架。

第二,体现在专业基础课程的开设,如旅游文化、旅游地理学、旅游心理学、旅游法规等,从文化、地理、历史、法律、心理学等方面为学生未来工作提供必备知识。

第三,体现在语言、技术等基础方面的课程,如数学、概率统计、管理信息系统、计算机、外语等,这些课程的设置是学生在现代社会竞争中取得成功的重要手段。

第四,体现在专业课程设置方面,根据市场导向和办学优势,开设酒店旅行社管理方向、旅游文化与教育两大方向的系列选修课,为学生的个性发展提供平台。

(4)强化外语和计算机教学

本专业学生要具有较高的口语交流能力,能胜任旅游企业对涉外英语的需要,能处理旅游业务的外文函电,阅读和翻译有关的外文文件,有较好的写作水平,为此,开设了大学英语、酒店情景英语、旅游英语等课程;同时还开设日语或其他语种的第二外语,这不仅使学生能胜任旅游市场需要,还拓宽了学生的就业机会。另外,为本专业学生开设必要的数理基础知识和相关学科知识,以便其掌握现代数理方法和计算机应用技术,了解旅游业发展的规律,能对旅游业的实际问题进行分析和处理。

(5)适应旅游行业的特殊要求,开设相关课程

通过开设公共关系、中外礼仪、旅游美学等有关课程及个人的自觉

修养,形成良好的礼仪风貌,如待人接物落落大方、彬彬有礼,言行举止富有艺术感;提高口头表达能力的明晰度和有效性,掌握运用公关技巧进行社会交际以融洽感情的基本能力;身体健康,心理素质良好等。只有这样,才能更好地适应旅游涉外工作的需要。

二、研究生层次旅游教育人才培养

有别于传统基础学科经院式的研究生教育,旅游管理专业研究生教育的兴衰与旅游产业的兴衰紧密相连,是产业发展的需求在教育领域的体现。从本质上说旅游管理专业研究生教育是应用型教育。

有别于旅游专科、本科层次的旅游教育,研究生层次的学科建设更多地为研究生培养提供了人力和物力保障,确保培养方案顺利实施,使研究生真正成为旅游业界的专业人才。旅游管理专业研究生教育与旅游产业发展需求的结合度取决于旅游管理专业研究生人才培养模式是否符合现实社会要求。

(一)旅游管理专业研究生教育与旅游产业

位于旅游教育金字塔顶层的研究生教育,与专科、本科的旅游教育一样,都离不开旅游产业发展,是为旅游产业培养应用型人才的。同时,研究生教育是通过培养较高层次人才在产业内的集聚来推动旅游产业发展的。

1. 旅游产业的发展对研究生教育提出新的要求

从世界发达国家的工业化和现代化进程中的经验来看,经济社会的持续发展对人才需求最终表现为纺锤形趋势,即学术研究型人才在就业人口中占少数,绝大多数是具有较强理论知识的应用型专业人才。因此旅游产业对人才的需求也表现为纺锤形趋势。

与传统的基础学科不同的是旅游管理专业研究生教育自始至终都是面向旅游产业,为旅游产业服务的。研究生教育要准确判断和正确把握所面临的形势与发展趋势,尤其要研究转型期和产业动向对旅游教育提出的新要求,适应旅游产业发展的新趋势,适应旅游产业对研究生教育在人才需求及课程设置、能力培养等诸多问题上的要求。

研究生教育固然有自身的发展规律,但如果脱离了旅游产业发展的实际,旅游管理专业的研究生教育将失去生命力,难以获得可持续发展。

2. 旅游管理专业研究生教育推动旅游产业的发展

旅游产业的发展日益显现出对各类高层次管理型和应用型人才的需求,旅游管理专业研究生教育培养的应用型专业人才将直接进入中国旅游业界的各个部门。

旅游管理专业研究生教育是为中国旅游业发展培养人才的重要手段,保证了给中国旅游业发展提供源源不断的人才。这些应用型专业人才为中外旅游业发展提供了研究创新成果,促进了旅游产业的升级换代和国际竞争力的提升。因此,研究生教育是为旅游产业提供具备前瞻性特点的智力资源库,其对旅游产业的意义不言而喻。

(二)旅游管理专业研究生教育与旅游学科建设

旅游管理专业研究生教育与旅游学科建设密切相关,学科建设水平在很大程度上决定了研究生教育的水平,研究生教育要以学科建设为依托。同时,研究生教育质量的高低是衡量学科建设水平的一个重要指标。

1. 学科建设是研究生教育的立足之本

高水平的科研成果是学科建设的标志,研究生作为院校科研的生力军,其教育要立足于科研与学科建设,研究生教育的教学体系、内容、方法必须以学科建设为依托,以培养研究生从事科学研究的理性思维能力、科学探索精神、创新能力为核心。

学科建设为研究生教育提供了软件、硬件条件。学科建设水平的高低意味着是否拥有该学科稳定的研究方向、高质量的学科队伍、高标准的教学和学术研究条件。学科建设水平是保障研究生教育顺利进行的关键。毋庸置疑,那些拥有省部级以上教学名师、精品课程、教学成果、教材、实验室的旅游院校,成为全国旅游管理专业研究生教育高地。

2.研究生教育是学科建设水平的体现

学科建设与人才培养是相互促进、密不可分的关系。学科建设是研究生教育的前提条件,缺乏有利的学科建设背景,就不可能有高质量的研究生教育水平,相反,没有高质量的研究生教育也很难促进学科建设的发展。学科建设固然重要,但研究生教育的重要和根本目的是人才培养。所以,学科建设要以人才培养为目的,是人才培养进程中合乎逻辑的产物,是旅游教学和科研成果的结晶。

以上海师范大学旅游学院为例,其旅游学科建设已经取得的成果,如翻译引进国外经典论著、提出政府主导型旅游发展模式、目的地周期理论、生态旅游、可持续发展理论等,这些成果都是由导师和研究生共同完成的。因此,研究生教育水准的高低是学科建设水平的体现。

(三)旅游管理专业研究生人才培养的学术导向与职业导向

受不同教育理念和办学原则的影响,旅游管理专业研究生教育的人才培养主要有两种类型:一种以学术为导向,以培养学术研究型人才为目标;另一种以职业为导向,以培养应用型专业人才为目标。

1.学术导向的研究型人才培养

从人才培养层次的金字塔来看,有一部分硕士研究生将继续攻读博士学位,或从事旅游教育,或从事旅游研究。学术导向的人才培养模式是针对这部分研究生的。学术导向的研究型人才培养侧重于对研究生学术理论水平和研究能力的培养,目标是将其培养成为从事基础理论或应用基础理论研究的人员。

2.职业导向的应用型人才培养

职业导向的应用型人才培养侧重于对研究生实际工作能力的培养,目标是将其培养成高层次的应用型技术、管理人员。

综上所述，研究生层次的旅游教育是具有鲜明职业特征的应用型专业教育。当然，职业教育的色彩成分较本科阶段的教育相对淡薄一些。基于这种定位，必须依靠学科建设平台，探索实践职业导向的研究生人才培养模式，以培养适应旅游产业需要的应用型专业人才。

第五节　高等教育旅游专业育才模式的转型和实施

一、旅游专业育才模式转型的方向

人才培养质量是决定旅游教育适应社会需要的生命线。为确保人才培养质量，我们必须构建一个合理的人才培养模式框架。

人们对知识、能力、素质进行划分的时候，是相对的，知识只有经过消化与吸收才能真正成为人体的素质，吸收之后的知识应用于实践工作中就成为能力。

要想在教学改革实践中形成"外语＋专业＋特长＋职业技能"的人才培养模式框架。为此，必须做到：第一，按岗位群要求构建知识、能力、素质结构。整个教学内容和教学过程的安排要体现基本素质培养和专业技术应用能力培养的主线，并形成相对独立的理论教学体系和实践教学体系。为此，课程设置要打破传统的单纯按学科体系设置的做法，而应以培养基本素质和专业技术应用能力为主进行教学内容的调整与组合，通过"删、合、增、进"来构建新的课程体系。第二，按应用型要求强化实践教学体系。一是增强实践教学时间，实施"小学期制"（在每年的两个学期之间安排三个月左右的教学实习小学期，纳入教学计划进行管理），使实践教学时间（含集中实践教学时间和各课程的分散实践教学时间）占教学时间的50%左右。二是调整充实实践教学内容。实践教学要尽量针对生产、管理、服务第一线的实际工作需要进行设置。三是加强校内外实习基地建设，营造良好的实践训练环境。四是组织师生开展科研与技术服务工作，形成产学研相结合的人才培养途径。第三，按现代化要求改革教学方法，优化教学过程，注重理论教学与实践教学相结合，课堂教学与实训教学相结合。推广现代信息网络技术和各种电化教学手段，采用课堂讨论、现场模拟等多种教学方式，将整个教学过程按照"由浅入深、循序渐进、真实结合、注重实效"的原则和规定的知识能力培养目标及要求进行组织,以培养实践能力强、综合素质高、具有创新精神的实用型人才。

二、旅游专业育才新模式的实施

(一)一书多证,开拓人才培养的就业空间

高等教育最终的目标是让旅游专业的毕业生能够找到合适的工作。旅游业的人才竞争日趋激烈,要使旅游教育的人才培养能适应社会的需要,就必须使人才培养目标的定位更加准确,人才培养模式的确立更加合理。"一书多证"既是旅游专业人才的培养目标,也是旅游教育人才培养的就业需要。"一书多证"是指一个合格的毕业生,必须拥有的证实自己能力的证书体系(即毕业证书+职业资格证+技能等级证等)。也就是说,对于旅游专业的毕业生而言,必须要求他们获得学历文凭证书、导游资格证、星级酒店服务与管理培训合格证、英语(或口语)考核合格证等,同时提供学生获取其他相关技能证书的机会,如驾驶证、公关员证等。这样,我们的教学管理在保证学生掌握学历文凭要求的文化知识并具备相应的学历水平之外,还必须结合考证的需要安排相应的教学和实践活动,以满足毕业生"一书多证"的目标需要,而拥有"一书多证"的毕业生(当然是实际具备相应能力)就能为自己找到广阔的就业舞台。"一书多证"还要求改革对学生的考核办法,在严格各课程学习成绩的同时,更重要的是要注重对学生能力和素质的考核。

(二)系统设计,形成人才培养的全程机制

高校在培育旅游专业人才时要从系统整体的眼光考虑,要时刻关注当前旅游市场的发展形势,以此为依据来进行招生、教学到就业的全过程设计、组织和实施,研究人才培养的有效途径和方法,形成更广泛意义上的培养模式和培养机制。以旅游市场信息调研为前提,建立自身旅游人才培养的信息系统。它包括旅游市场的发展现状和未来预测,旅游专业人才的需求状况和素质的动态需求,旅游教育的现有基础和发展目标等,并运用现代技术手段进行收集、统计、综合分析以建立人才培养的全程机制。具体来说,一是了解以市场信息和旅游专业人才特殊条件为基础的多形式招生机制,旅游专业人才培养包括学历教育和非学历教育,学历教育招生还是过分注重文化水平,非学历教育可择优考虑综合条件进行招生。二是以市场信息和旅游人才培养的特有方法为基础的多途径培养机制,包括教学组织和学生管理。其中,教学组织侧重能力培养和实践训练,学生管理注重综合素质的培养和提高。同时,要强化职业道德的教育和礼仪与服务规范的训练。三是以市场信息和旅游行业的激烈竞争为基础的就业机制,进一步推进和完善"市场导向,政府调控,学校推荐,双向选择"的就业新机制。

第六节　旅游行业人才继续教育培训

为落实《国务院关于促进旅游业改革发展的若干意见》和"515"战略,健全旅游人才评价机制,培育旅游职业经理人市场,国家旅游局人事司于 2015 年 8 月组织开展了全国旅游职业经理人职业状况在线调查,调查涵盖职业基本情况、工作状态、薪酬状况、职业发展、职业资格、继续教育与培训等领域。调查显示,旅游职业经理人接受继续教育和培训总体较少,层次水平不高,类型不够多元。在主要学习渠道方面,25.24% 的调查对象表示主要是自己学习、在实践中摸索,22.87% 表示主要是通过公司内部培训,只有 12.97% 表示主要是通过外部培训机构课程,只有 6.98% 表示主要通过听商学院课程。[①]

一、旅游行业人才继续教育培训的发展

随着近年来人们生活水平的提高和假期制度的改革,中国的旅游业进入了高速发展阶段并取得了可喜成就,但同时旅游人才的紧缺问题突

---

① 李好.高职旅游专业实践教学新模式探究——以"旅行社职业经理人"校企协同培养为例[J].同行,2016(11):155.

出,制约着旅游产业的升级和科学发展。特别是深层次体制机制阻碍旅游人才的深入培养,导致目前中国旅游教育"散、小、弱、差"的局面,应用型人才培养体系不完善,旅游人才发展环境有待改善。要想解决上述难题,首先要深入剖析旅游人才队伍建设中存在的问题;其次要针对中国旅游人才建设的瓶颈问题,从优化旅游人才建设环境、完善人才配置机制、培养主体的多元化等方面提出建议和对策。

在国家明确提出把旅游业作为国民经济的重要支柱产业和新的经济增长点来培育的背景下,中国的旅游产业迎来新的发展机遇。为了实现旅游资源转化为经济增长,急需一批高素质应用型人才,因此加强旅游人才队伍的建设任务迫在眉睫。

影响任何产业发展的内部因素中,人力资源都起着决定性作用。作为队伍开发和精神文明建设的窗口,旅游从业人员的每个行为都代表着国家和地区的形象。在全民参与的背景下,隐藏在旅游业价格竞争表面现象下更多的是服务质量的竞争,旅游产业能否实现可持续发展关键在于旅游从业人员的素质高低。因此,院校旅游人才的培养也应上升到这一高度,增加新的培养内容来适应社会需求。但是由于中国旅游业人才队伍的培养起步晚,旅游人才经营观念落后,高级旅游人才缺乏等特点,加强旅游人才队伍建设是旅游业发展的迫切需求。

当前旅游行业的发展形势迅猛,对新型专业旅游人才的需求缺口越来越大,创新型专业人才严重不足。随着旅游内涵的提升和外延的扩大,旅游人才需求出现多样化的趋势。

二、旅游行业人才继续教育培养模式

(一)紧贴培训需求

(1)牢固树立面向市场办学的新理念。继续教育及培训工作要认真分析市场,面向市场开展调研,选择培训项目,设立培训专业,以满足市场需求质量为目的。

(2)牢固树立名牌制胜观念。继续教育及培训要大力创名牌专业、创名牌项目,要努力实现"学员质量上乘、师资力量雄厚、管理人员精干,特色突出"的目标,突出名牌效应。

（3）牢固树立以服务为宗旨的观念。继续教育及培训工作要树立全方位、全过程、面向全体学员的服务理念,在培训前、培训中、培训后,都要以顾客的满意度为关注焦点,各个环节都要为学员提供优质服务。

要在正确理念指导下,以教学工作为中心,以提高职业能力为核心,进一步解放思想,实事求是,构建并完善适合成人学历教育及培训工作的教学模式、学习模式、管理模式及协调和谐的教学运行机制。

各大院校继续教育学院应积极开展社会服务,为旅游行业提供行业标准制定、行业人员培训、职业资格鉴定、旅游景区规划、西部对口支援等培训、开发、咨询等服务项目;积极参与国家劳动部门与旅游行业主管部门开发、制定行业标准及评价体系;积极参与劳动部门与教育部门开展的职业标准开发与制定,并依托拟建现代酒店信息化管理公共实训基地,开展大学生职业技能培训与鉴定工作;等等。

(二)创新培训模式

加强理论学习和实践训练紧密结合,采用校内专兼教师和校外实践指导教师等多方面共同指导的模式。理论教学要坚持"必需、够用"的原则,注重技能训练,有效服务于技能形成;以社会需求为依据,进一步深化"以职业需求为导向,产学研紧密结合,以素质为核心,以能力为基础,完善继续教育及培训工作"的人才培养模式。

创新教学方法。提倡精讲多练,边学边干,边干边教,将专业知识与技能融合在一起,按照知识、能力阶梯式递进序列,划分为若干个教学模块,每个单元理论教学与实践教学穿插进行;要注重现代化教学手段的运用;要充分考虑学员知识、素质、能力经验的特殊性,贯彻"教学相长"的原则,要加强与学员的教学交流,某些教学内容也可以采用让优秀学员授课或示范的方法进行。

创新考核评价体系。要加重对技能和岗位本领的考核评价的比重,探索并努力形成有利于学员技能和岗位本领形成的考核评价体系。

不断增加人才培养特色。紧贴社会发展需求,着力构建、大力培育学院继续教育及培训工作的人才培养特色,逐步形成适合社会经济文化全面发展需要的、符合学院高等职业教育实际的继续教育及培训的治学方略、办学观念、办学思路、教育模式、特色专业、课程体系、教学方法、实践环节、管理制度及运行机制等鲜明特色。

(三)保证培训质量

继续教育及培训教学计划要对培养目标、人才标准、培养内容、培养要求、培养措施作出明确规定;编制课程教学大纲、教学计划和课程目标;要有计划地开发继续教育及培训教材。

要认真做好继续教育及培训教学设计。教学设计要力求符合市场对人才的培训需求、符合学员对自我发展的学习需求、符合行业岗位对职业的实际要求。

继续教育及培训的专业设置和项目,要切实瞄准人才市场需求,深入调研,充分论证和征求意见,编制、申报招生计划。

在教学中要根据学院对培养目标的定位,切实处理好理论与实践的关系。理论课一要考虑与实践的结合度,二要考虑成人的可接受性,在不降低要求的前提下,以"必需、够用"为度。

继续教育及培训工作的有效开展,既要坚持经常开展继续教育及培训需求市场的调研,又要坚持开展对继续教育及培训学员需求的调研,全面提高教育教学的针对性、适应性。

学院要有计划地组织人员每年定期或不定期地深入企业进行调查研究,及时了解和掌握市场需求,围绕需求确定继续教育专业设置及培训项目,制定专业人才培养方案和培训项目计划,开展继续教育及培训活动。

在教育教学过程中,要及时开展对于学员学习需求的调查研究,准确掌握他们的学习要求,及时修正教学计划,调整教学内容,优化教学方式,提高教学质量。

(四)加强团队建设

要采取得力的建设措施,着力打造一支素质优良、结构优化、精干高效、适应工作的继续教育及培训队伍。教师要加强学习,努力提高自身知识、素质和能力;要以继续教育与培训师资基地为依托,切实加强业务培训,使教师在专业能力等教学基本功方面得到显著提高,打造一支一专多能的"双师型"教师队伍;要制订师资培训计划,明确目标,提出要求和措施。继续教育学院组建一支由校内具有丰富教学经验和行业实践经验的教师和企业职业经理人共同组成的专兼职、双师型师资队伍,如聘请一批各系、部资深教师担任成教的兼职教授,或聘请在行业中具有影响力的资深职业经理人担任客座教授。

继续教育及培训的教育教学工作具有课程设置的多变性、教学内容的新颖性、管理对象的多元性、教育理念的超前性、教学过程的示范性等一系列特征,师资队伍建设必须体现师资培训的前瞻性、教学手段的现代性和管理思想的先进性。要时刻调整工作计划,以使其适应当前的发展变化状况,科学地成立一支高素质、高水平的教师队伍。成立继续教育专家委员会,对继续教育的课程建设及培训内容献计献策。

参加继续教育及培训的专兼职教师要树立现代教育理念,加强教育教学科研,不断改进和优化教育教学方式方法,注重现代信息技术的运用。

要进一步加快继续教育及培训的教学科研步伐,已立项的课题要抓紧研究,形成阶段性成果,积极争取上级有关继续教育及培训的新研究项目,鼓励有条件的教师和管理人员积极开展本领域的课题研究和论文撰写,为继续教育及培训的教学改革不断注入活力。

(五)优化培训条件

具体包括以下方面:在挖掘、利用现有资源的基础上,加大继续教育及培训基地的建设力度;解决并不断改善成教学员的食宿条件和学习条件,逐步建立并完善继续教育的实验实训设施和设备,为岗位培训班提供更好的教学环境;创建继续教育及培训网络,开发利用网络资源和多媒体技术,开辟继续教育及培训渠道;等等。

三、旅游行业人才继续教育培训的发展对策

(一)科学编制实施人才队伍建设规划

要及时地总结并汲取国内外的先进发展经验,并将之与当前中国旅游业的实际发展情况相结合,同时以培育符合旅游游客需求的旅游专业人才为目标,科学构建旅游人才政策机制,使旅游人才规划能够切实解决当前中国旅游人才队伍建设的问题。合理规划旅游人才建设项目及政策保障,改变阻碍旅游人才发展的旧体制机制,确保人力资源优先开发、人才结构优先调整、人才培养制度优先制,形成重视人才、尊重人才的行业氛围,在加大人才培养公共服务的同时发挥旅游企业在人才队伍建设中的主体地位,建立与当前旅游产业匹配的人才培养机制。

(二)加强高层次人才的培养工作

可以通过让当前的旅游业工作人员参加行业培训的方式,或者让他们到先进的国家参观深造的方式,不断提升旅游行业从业人员的整体素质,使他们更加懂得经营、管理,并且逐步具备国际的视野与眼光。同时政府发挥中介作用加强对大专院校的指导,根据社会对管理人才的需求信息,确定院校旅游类专业培养规模及培养层次,指导院校按照旅游发展的实际需求确定培养方案,开展调研并及时反馈市场人才信息,确定院校未来的培养计划。

(三)整合各类人才培养资源

要充分发挥与旅游业有关的政府部门、中介机构、旅游院校、旅游企业等多方面的积极作用,拓展旅游从业人员培训渠道。

第四章　高等教育旅游专业应用型人才培养师资队伍建设

高校旅游教育担负着培养满足旅游产业生产、建设、管理、服务第一线需要的高素质、高技能应用型专业人才的使命。人才培养质量的好坏,不仅关系到学校旅游学科(专业)的生存与发展,而且也关系到我国旅游强国梦的实现。旅游教育要实现以促进人的发展为目的,培养高素质的旅游专业人才,为旅游产业的发展提供理论指导和技术人才支持,而支持旅游教育发展的重要基础是高素质的旅游专业教师队伍。

旅游业已成为世界第一大产业。我国已从旅游资源大国迈进旅游大国、旅游强国的行列。旅游休闲已成为国人的"日常消费",出境游客量和消费稳居世界第一,成为世界第一大出境旅游客源市场。我国旅游业的快速发展对旅游从业人员的数量和质量提出了更高的要求,也对旅游专业师资队伍建设提出了新的挑战。

当前,旅游业已成为我国经济新常态下新的增长点,旅游管理专业不仅要提升学生的专业知识、理论素养,还要注重实践教学的组织实施,以提高学生的实践能力。

第一节　高等教育旅游专业教师的职业分析

作为高等教育旅游专业教师,其职业性质具有普通教师职业的共性,同时又因为他们的劳动对象是身心发展趋于成熟、具备一定专业知识基础的学生,劳动产品是社会需要的各类高级专门人才,高等教育旅游专业教师职业又具有其特殊性。

一、旅游专业教师的职业特点

（一）教师职业的学术性和专业性

学术职业是以专门知识为中介的一种特殊类型的职业,从事的是专门的教学、研究和知识服务工作。专门化的知识是学术职业的基础。学术性的主要特点是教师对某学科领域从事独立研究,有个人独立见解,教师可以充分发表个人的研究成果,而不受干扰和约束。专业性有两层含义,一是指教师是专门的职业,就像医生、律师、会计等,具有不可替代性;二是指从事某一专业教学和研究。高等教育旅游专业教师有自己的专业课,是这一领域的专家。他们要熟悉专业知识并能传授给学生,而且要有与该专业相关的知识,要及时掌握该专业领域的最新发展。教师为了搞好教学工作,不能仅依靠课本知识,照本宣科,还必须进行研究、探索,把自己的研究成果内化为知识传授给学生。教师要把教学与科研结合起来,要对自己所教的专业知识进行研究,并积极开展科研活动,接手和承担科研项目。教师还要带领学生一起开展研究。总之,教师不能光做教书匠,还要做学问家、科学家。

（二）教师职业的独立性和自由性

教师职业是教师独立完成的,如独立教学、独立研究、对学生负有独立的责任,同时每个教师还具有独立人格。教师职业的独立性,体现在教学独立、研究独立、责任独立。

高等教育旅游专业教师在教学过程中,尽管有教学计划、教学大纲,有规定课程、教材,但都要通过教师独立思考、独立操作,内化为个人的独立行为。自由性,是指高等教育旅游专业教师的职业是一种自由的职业,教师的研究和教学是自由的,教师可以自由流动,从而也促进了学术的交流。高等教育旅游专业教师要更好地从事教学和学术研究,充分发挥其才能,必须有一个宽松自由的环境。因此独立性和自由性是教师职业的特殊性质所决定的。但高等教育旅游专业教师职业的独立性和自由性是建立在教师自觉地遵守民主与法制、遵循教育方针、敬业爱生、为人师表的基础上的,而不是随心所欲、我行我素。

（三）教师工作的创造性和灵活性

教师从事的是创造性的个体劳动,他们要向学生传授课本知识、专业知识。要想把书本上的知识变成生动有趣的、学生容易接受和吸收的知识,教师必须有创造性和灵活性。高等教育旅游专业教师在教学中要旁征博引、举一反三、幽默风趣、引人入胜,要能够理论联系实际,善于应用现实生活中的材料。

（四）脑力劳动的复杂性和艰苦性

教师的劳动是塑造人的劳动,是从事劳动力再生产、科学知识再生产和社会成员再生产的一种特殊劳动。高等教育旅游专业教师每天面对的是学生,学生的复杂性、多样性、多变性决定了教师劳动的复杂性和艰苦性。要使每个不同的学生都能受到教育,都能有提高、有进步、有发展,这是一件比较难的事情。高等教育旅游专业教师向学生传授知识,要让不同的学生接受知识,也不是一件轻而易举的事情。教师要上好课,不可能靠一个教学大纲、一个教案就解决所有问题。教师要有广博的知识和高超的思维能力、应变能力,才能及时处理好在高等教育旅游教学过程中遇到的各种不同问题。

（五）为人师表的示范性和榜样性

高等教育旅游专业教师是直面学生进行"传道、授业、解惑"的,要让学生接受教育、增强接受度,教师除了要有丰富的知识和教学技能外,还要有人格魅力。孔子说过,"其身正,不令而行；其身不正,虽令不从","不能正其身,如正人何？"教师要用自己的行为为学生做示范、做榜样,才能起到良好的教育效果。学生不仅要听教师是怎么说的,也要看教师是怎么做的,无声的语言有时比有声的语言效果更好。教师的言行、仪表、风度、气质都对学生有很大的影响,具有潜移默化的作用。因此,教师必须时时处处严于律己,以自己的高尚品德、健康心灵、治学精神感染学生、教育学生。

二、旅游专业教师职业的角色

在社会生活中,角色是个人在一定的社会规范中履行一定社会职责的行为模式,每个人在社会中同时扮演许多角色,不同职业性质的差异,使每种职业所扮演的角色、承担的职责都表现出不同的特点,与其他职业相比,教师的职业角色非常丰富,旅游专业教师也不例外。如作为社会人,旅游专业教师要扮演相应的公民角色;作为家庭成员,旅游专业教师要扮演相应的家庭成员的角色。一般说来,旅游专业教师在学校教育中主要有以下几种职业角色。

(一)传授知识和培养能力的角色

唐代韩愈在《师说》里说:"师者,所以传道、受业、解惑也。"旅游专业教师是旅游行业建设人才的培养者,他们是在特定时期、掌握特定旅游教育学科内容,然后以特定的方式传授给旅游专业学生的知识传授者,通过启发学生的智慧,使学生解除学习中的困惑,形成自己的知识结构和能力结构。

(二)学生成长引导者的角色

学生经过职业教育学校或高等学校的学习,最终要步入社会,成为旅游行业发展的社会建设力量。而学生对社会的理解、对旅游专业的认知与对职业的选择,都离不开教师的悉心帮助和引导。事实上,教师是学生职业生涯的第一引路人。

(三)父母与朋友的角色

不同的年龄阶段、不同的家庭生活背景,使一些学生对教师产生不同的依赖心理,对教师的角色有不同的认同。例如,当学生在就业、实习中遇到问题时,旅游专业教师需要帮助学生分析与解决所遇到的问题。如中等旅游职业学校的学生相对而言,年龄较小,倾向于把教师看作父母的化身,对教师的态度有点像对父母的态度;而普通高等学校的有些学生则愿意把教师当作朋友。但不论是哪种角色,学生都希望得到教师在学习、生活、人生等多方面的指导,同时希望教师成为分担他们的痛苦与忧伤、幸福与欢乐的朋友。

(四)教学主导者的角色

很多人将教师和学生视为管理中的两个对立面,这是不正确的认识。旅游专业教师是旅游教育教学活动的主导者,而不是教学的管理者。旅游专业教师对教学的主导主要是观念层面、规划层面、组织层面、协调层面等,教与学是平等的关系,不是管理者与被管理者的关系,学习是一个交流研究、督促检查和公正评价的过程。在这个过程中,教师的职责是引导学生发挥主观能动性,让学生学会学习。

(五)示范者的角色

旅游专业教师的言行是学生学习和模仿的榜样。夸美纽斯曾说过,教师的职务是用自己的榜样教育学生。学生具有向师性的特点,教师的言论行为、为人处世的态度会对学生具有耳濡目染、潜移默化的作用。旅游专业教师的专业教学态度、教学技能、教学方法、研究水平等,都会对学生未来专业素质的养成具有示范作用和影响力。

(六)学习者的角色

教学工作面对的是多变的世界,包括变化的教育对象、变化的教育内容、变化的教育方法、变化的教育模式等。这种种变化,都会对旅游教育的质量产生不同的影响,都要求旅游专业教师具有灵活应变的能力。而应变的基础就是教师要成为终身学习的人,成为学习者的角色。旅游专业教师职业的这些角色特点,决定了旅游专业教师职业的重要意义和重大责任,决定了对旅游专业教师的高素质要求。

三、旅游专业教师职业的社会作用

在现代社会生活中,旅游专业教师职业是不可缺少的一种职业,旅游行业的发展与进步更加依赖旅游专业教师充分发挥作用。从总体看,旅游专业教师职业在社会发展中起着三个方面的作用。

(一)旅游专业教师为旅游业培养专业人才,其教学内容有助于规范旅游行业的发展

旅游业作为劳动密集型产业,是我国第三产业的"龙头",对旅游专业人才的需求量较大,因此旅游专业教师承担着为旅游业培养和输送专业人才的重任。同时,旅游专业教师的教学内容与行业标准具有一致性,对旅游业的发展具有规范作用。

(二)旅游专业教师是人类旅游文化的传播者,在旅游文化的延续和发展中发挥着桥梁与纽带的作用

今天的人类文明是历史上文化科学的世代传承与创新而得来的,没有对前人文化遗产的继承就不可能有社会的巨大发展与进步。旅游专业教师把人类长期积累起来的旅游文化科学知识经过整理传授给下一代,对社会的延续与发展发挥着极其重要的作用。同时,旅游专业教师通过对旅游文化科学知识的传播,使世界各地的先进旅游文化科学成果得以相互吸收,促进了旅游的发展和进步。社会越向前发展,科学技术越进步,知识积累越多,无论是旅游文化科学知识的世代传递,还是各民族之间的旅游文化交流,都需要旅游专业教师发挥更大的作用。

(三)旅游专业教师是我国旅游教育研究的中坚力量

旅游行业的高速发展,既需要一定的社会政治、经济和文化背景,更需要对旅游业的发展做出科学的判断和系统的研究。旅游专业教师作为旅游教育研究的中坚力量,其科研成果、行业经验对我国旅游业的发展都具有积极的促进作用。

第四章　高等教育旅游专业应用型人才培养师资队伍建设

四、旅游专业教师职业的社会地位

（一）旅游专业教师职业的社会功能

职业的社会功能是指该职业对于社会的作用,如果一个职业的社会作用越大,其相应的社会地位也就越高。旅游专业教师职业对于社会的作用是巨大的。教师是塑造人类灵魂的工程师,肩负着培养一代社会新人,延续人类社会发展的重任。教师是人类文化的传递者,在人类文化的继承和发展中起着桥梁和纽带的作用。教师的作用如此显著,贡献如此巨大,因此,教师职业是"太阳底下最崇高的职业"之一,应受到整个社会的尊重,其社会地位是比较高的。

（二）旅游专业教师职业的社会权利

职业的社会权利是指某一职业的从业者在履行职责时所享有的各项权利。职业从业者享有的社会权利的范围、程度与该职业社会地位的高低密切相关。教师职业从业者享有的社会权利,除一般的公民权利外,主要是职业本身所赋予的专业方面的权利,包括教育教学、科学研究、学术交流等方面的自由和自主权。旅游专业教师职业的性质决定了教师专业权利的广泛性,相应地,也只有教师职业才有这方面的权利。

（三）旅游专业教师职业的经济待遇

经济待遇是指某一职业的从业者从社会中领取的物质报酬,主要包括工资及诸如带薪假期、退休金等福利。一般而言,某一职业的经济待遇水平是由该职业的劳动性质和劳动形式所决定的。教师职业是一种专门职业,教师的劳动属于复杂劳动,复杂劳动是这样一种劳动力的表现,这种劳动力比普通劳动力需要较高的教育费用,它的生产要花费较多的劳动时间,因此它具有较高的价值。既然这种劳动力的价值较高,它也就表现为较高级的劳动,也就在同样长的时间内物化为较多的价值。由此来看,旅游专业教师劳动力有着较高的价值,教师职业从业者在社会总体劳动者中的经济待遇水平应和其劳动的性质与形式相称,即旅游专业教师的经济待遇应相当于社会总体劳动者中从事复杂劳动的劳动者所享有的经济待遇水平。

总的来说,以上的几个方面综合起来决定了旅游专业教师职业社会地位的高低,抽取其中任何一个方面都不足以说明旅游专业教师职业的社会地位。要了解现实社会中各种职业社会地位的高低,人们往往通过职业声望调查来实现。因为职业声望是职业地位的反映,是对职业社会地位的主观评价,因此职业社会地位常常通过职业声望的形式表现出来。

第二节　旅游专业师资队伍建设现状及不足

一、高校旅游专业师资队伍建设现状

(一)高校旅游专业教师的结构不断优化

随着旅游教育的发展,特别是旅游本科、硕士点、博士点的发展和完善,旅游专业教师队伍学科学历结构得到极大优化,彻底改变旅游教育刚起步时教师专业化低、学历低的现状。在年龄结构方面,老中青比例日趋合理,既有经验丰富的老教师,又有年富力强的青年骨干。在专兼职教师方面,旅游教育全面推进产教融合、产教结合,积极吸引旅游行业精英和能工巧匠做兼职教师,基本形成了一支专兼结合的双师型教师队伍。

(二)高校旅游专业教师教学科研能力不断提高

旅游高等教育肩负着人才培养、科学研究、服务社会和传承创新文化的职能。高校旅游专业教师除承担教学工作外,还积极参与科学研究,他们中绝大部分人承担了大量的各级别的课题,走向教学科研双赢之路,提升了学校在教育界和旅游界的地位。

(三)高校旅游专业教师实践经历不断丰富

随着"双师型"教师的培养体制不断完善,高校旅游专业教师实践能力的培养得到高度重视。一是学校的校内实验实训场所,特别是现代化、信息化的全仿真实训快速增强了高校旅游专业教师的实践能力。二是全面推进产学融合,校企合作人才培养模式,校企共建校外实习实训教学基地,师生共同深入基地学习实践,提升了教师的实践能力。三是校企合作建设专兼结合的双师型教师队伍,旅游业界精英和能工巧匠进入学校任教,增强了教师间的交流与合作,对专任教师实践能力的提升也有极大的帮助。

二、高校旅游专业师资队伍建设存在的问题

为服务我国旅游业的发展,我国的旅游教育从无到有,从小到大。支撑旅游教育的教师队伍也逐渐得到发展壮大,结构不断优化,培养人才、科学研究、服务社会的能力得到提升,为将我国建成旅游大国、旅游强国做出了积极贡献,但也存在不少问题,集中表现如下:

(一)国际化程度不足

教育理念是教师对教育进行理性思考后形成的教育观点和教育信念。一个优秀的教师需要通过学习,从古今中外的教育思想中吸取精华,坚持与时俱进,形成科学的知识观、人才观、质量观,面向全体学生,平等对待每一个学生,帮助和引领学生形成正确的世界观、人生观和价值观,把每一个学生培养成为有社会责任感、有知识、有技能和能力的劳动者。目前,在高校旅游专业教师队伍中有的教师教育理念陈旧,重知识轻技能,重理论轻实践,服务理念淡薄,缺乏开放意识、国际化意识,影响高技能技术专业旅游人才的培养。

(二)学科结构不合理

高校旅游教育的最大特色是它的高等性和职业性。教育教学工作

既要满足高等教育的要求,培养学生诸如文学、数学、计算机、外语等可以奠定其持续发展的基础和素质,又要高度重视职业性,加强学生职业意识、职业道德、职业精神、职业技能的培养,增强其就业能力,培养"下得去、用得上、留得住"的一线专业人才。这就要求教师要具备及时更新知识、开发新课程的能力和将系统的学科知识提炼转化为应用知识的能力,能够承担基础课程、专业课程及实践课程的教学任务,不断提高教学设计、教学组织和教学评价能力。目前,在高校旅游专业教师队伍中不少教师综合素质不够,驾驭多类型课程能力不强,缺乏一专多能的教学能力。

(三)"双师"资格教师占比不高

"双师型"教师指具有良好的师德品质、扎实的基础理论知识和较高的学术水平、教学水平,又有较强专业实践能力和实践实调指导能力的教师,在学校能当教师,教学生,进企业能当师傅,带徒弟。这要求"双师型"教师必须具备双师素质,一是具备良好的旅游行业职业道德与素质。要引领学生进入行业,并实现好的发展,我们的教师除遵守教师的职业道德外,必须严格按照旅游行业的职业道德办事,通过言传身教,培养学生良好的职业道德。二是具备良好的旅游职业实践活动能力。既要当教师,又能当师傅,要具备扎实的旅游专业基础知识和实践能力,培养学生的综合职业能力。三是具备良好的社会活动能力。"双师型"教师要深入旅游行业企业,组织学生开展社会调查,进行社会实践,指导学生实习实训,参与各种学术交流活动,具备良好的社会活动能力就显得非常重要。目前,在高校旅游专业教师队伍中双师素质不强,不少教师虽然具有"双证书",但教师有企业经历的比例小,在培养过程中到企业锻炼以认识和观摩为主。

第三节 旅游专业"双师型"师资应具备的素质

要努力提高人才培养的质量,提升教育教学的新理念和新能力,最终达到推动专业发展的目标。旅游管理专业教师的双师素质包括以下几个方面。

一、语言能力

旅游管理专业教师要有扎实的语言基础,语言既包括口头语言,也包括态势语言、书面语言和副语言。语言是旅游从业人员在服务过程中所要具备的一种技巧。在旅游服务过程中,口头语言是人们最常用的一种,美学家朱光潜曾这样教导我们:一个人"话说得好就会如实地达意,使听者感到舒服,发生美感。这样的说话也就成了艺术"。因此,在教学过程中,必须具备语言表达的形式、基本要领和方法,以及使用态势语言的方法和交际能力。

二、业务知识水平

旅游专业教师应掌握旅游管理、市场营销、政策法规、导游实务、主要客源国情况、景区服务管理、财务管理、人力资源管理、电子商务管理等相关理论,熟悉国内外旅游行业的经营流程、旅游市场的发展动态、旅游公司各部门的工作责任、各类型团队的操作流程、各类型团队的带团流程及技巧等。

三、综合实践能力

综合实践能力包括实训教学、实习指导和就业指导。旅游管理专业教师不仅要有较强的理论素养,还要具有较强的实践能力,能承担与旅游管理相关的旅行社、旅游景区的实训、实习以及就业指导工作,为旅游企业提供相关的职业技能训练,并取得普通话、中文导游、英语导游等相关的职业资格。

四、职业技能拓展

职业技能主要包括理论知识更新、行业调研、课程开发、科研能力等。同时,要在新形势下,加强自身的专业理论和实际操作能力,并结合地区的发展需求,开发与毕业生工作密切相关的专业特色课程,适时更新教学重点,使培养出来的学生真正具备能适应经济与行业发展的要求,从而避免出现学非所用的现象。另外,要经常到有关单位进行实际培训,实地考察,拓展校企关系,为学生顶岗实习和毕业生就业提供一个良好的平台。

（一）提高"双师型"素质教师考核标准

依据教育部《高校高专院校人才培养工作水平评估方案（试行）》"双师素质"教师具有高校讲师（或以上）教师职称,并具备下列条件之一的专任教师（指所教专业课和专业基础课教师）。

（1）有本专业实际工作的中级（或以上）技术职称（含行业特许的资格证书）。

（2）近5年中有两年以上（可累计计算）在企业第一线本专业实际工作经历,或参加教育部组织的教师专业技能培训获得合格证书,能全面指导学生的专业实践实训活动。

（4）近5年中主持（或主要参与）2项应用技术研究,已成功被企业使用,效益良好。

（5）近5年中主持（或主要参与）2项校内实践教学设施建设或提升技术水平的设计安装工作,使用效果好,在省内同类院校中居先进水平。

目前,我国的专业技术职称多以理论考核为主,即使辅以实操考核,也主要考核较为基本的动手能力,因此获得专业技术职称的人员不一定具备较强的实际工作能力。然而,本专业要求学生具有熟练的实操能力,以应对日益激烈的就业压力和竞争。本专业可以根据实际情况适当提高教师的考核标准,将条件（1）列为必要条件或对获得专业技术职称的教师进行专业技能考核,加入实操等考核内容,使教师真正具备内化理论知识、职业技能和职业素质,并将其体现在旅游管理教学的能力上,这样才能使本专业"双师型"素质教师真正成为具有较高理论水平和较强实践能力的"双师"。

第四章　高等教育旅游专业应用型人才培养师资队伍建设

（二）成立监控机构，合理配置督导人员

随着人才培养评估工作的进行，很多旅游院校已经认识到双师素质教师培养的重要性。旅游管理专业将成立监控机构，合理配置督导人员。监控机构由人事处及管理系相关领导和相关人员组成，根据本专业需要，制定旅游管理双师素质教师培养规划，并上报人事处。该机构负责被培养教师的培养目标、培训内容、培训时段、培训效果信息的记录和分析。督导成员的专业构成要符合旅游管理专业的实际情况，做到知识覆盖要全面、业务要精通、结构要合理，能胜任本职工作，督导人员应包含行政领导、行业专家、一线教师（兼任）等。

（三）完善管理制度，建立多元化评价指标体系

1. 管理制度

（1）自上而下和自下而上相结合的管理制度。如遇有超越职权或权限的问题，请立即报告本系，寻求帮助。管理部门要监督执行、协调、协助教师完成工作。通过这种方式，可以建立起自上而下与自下而上相结合的回路沟通机制，来提升贯彻执行力，进而实现高效工作。

（2）监控与自我监控相结合的管理制度。在教学实践中，教师的自我监督与学校监督在出发点和目标上具有一致性。高校教师具有良好的教育经历和较强的自制力，在双师素质教学中不可忽略其自身的监督功能，应主动加强对自己的监督，从而有效地提高监控的效率。

（3）过程监控和效果监测相结合的管理制度。双师素质教师的培养不仅要注重成效评估，还要注重全程督导，不能只在培养结束后才进行一次性检验，要严格地监管培养进程，确保培养的目的按照学校规定的要求逐步实现，培养结束后再返回校内检查。

（4）全面性和长期性的管理制度。第一个培养任务完成，考核通过，再过一段时间，就会进行下一次的培养，这一次的培养目标和之前的培养目标是完全不同的，培养的重点也是不一样的。接下来，可以进行第

三、第四轮等的培养,以实现双师素质教师教育的基本要求,并实现其目标。

2. 多元化评价指标体系

(1)评价原则。评价指标合理与否直接影响评价的客观性,为了使指标体系科学化、规范化,在构建评价指标体系时,旅游管理专业应遵循以下原则。

①系统性原则。评价指标体系中的各评价指标看似独立,实则彼此之间有逻辑联系,而且具有层次性,从里向外共同构成一个有机统一的整体,从不同侧面反映教师的能力。

②全面性原则。旅游管理教师应具有特殊本领,因此构建评价指标要全面,既要有评价教师基本教育能力的指标,也要有评价教师特殊本领的指标。

③动态性原则。对于旅游管理教师的培养效果评价也要在反复训练、反复实践,反复评估中进行,如实反映教师的教育教学能力。

④即理性原则。评价指标体系构建的出发点是激励教师积极参与企业行业培训,提高实践教学能力和科研能力。通过评价使教师认识到自身的优势和不足,进而在后续的发展中注重发挥自己的优势,改进不足。

(2)评价群体及评价指标。

①学生评价。教师授课效果的好坏,第一体验人是学生,最终受益人也是学生,所以学生对教师进行评价至关重要。鉴于学生本身的条件,不懂教学管理,只是欠缺,所以学生评价只能从教师的职业道德和授课效果给予定性评价。

②专家评价。校内督导专家有着丰富的教学经验,在评价旅游管理专业教师能力时,不仅看其专业知识和专业操作技能情况,还要从多个方面评定教师的双师素质资格,如科研能力、对本职工作的热情度和对本专业的贡献等,他们的评价说服力更强。

③用人单位评价。双师素质教师培养的目的是提高教学质量,而教学质量提高与否关键是看学生工作后老板对其能力的认可度。所以,用人单位评价在评价主体中占重要的位置,可以评价教师的培训效果以及对有关行业的发展贡献。因此可以吸收用人单位参与培训质量评价,逐

步完善以学校为核心、社会参与的多元化质量评价体系。

（3）培训系统。旅游管理教师能力的培养，从学院师资发展规划，培养对象的确定、汇总，培训内容的计划、研究、成文，到培训结果的监控、评价、反馈等一系列工作，是一个信息量大、时间长、工作任务重的过程，需要运用系统的思维和手段进行计划、组织、实施，才能提高工作效率，取得最佳培训效果。因此，在信息技术飞速发展的今天，必须利用现代化技术手段，建立起完善的管理系统，高效地记录、分析、监控、评价、决策、反馈和处理各种信息和问题，从而提高管理水平和创新能力。

第四节　高等教育旅游的专业化师资队伍建设

一、旅游专业教师专业化的意义和作用

（一）有助于推动旅游学科的发展及旅游学科地位的提高

在我国，旅游学作为一个独立的一级学科至今还没有得到官方的认可。在我国的专业学科目录中，没有"旅游学"这个学科名称，在1998年之前，只有"旅游经济"这个二级学科；在1998年后，取消二级学科旅游经济，在国家教委的本科专业目录中被改为"旅游管理"，隶属于管理学学科门类下面的工商管理一级学科。[①]

由以上变化的前后可以看出，由于旅游学科自身成熟度所限，人们对这门学科性质认识仍有差异，旅游学在学科之林中始终没有得到一个学科自身期望的独立地位。旅游学的研究基础，又往往来源于经济学或管理学的基础，作为旅游学自身的理论基础还在构建之中。

旅游学科的跨学科较强，强调学科间的协作、强调在解决问题时的各学科的相互补充作用。但作为旅游学科的每个分支学科如旅游地理学、旅游经济学、旅游社会学等的发展及成熟则取决于旅游教育师资队

---

① 谢彦君.对旅游学学科问题的探讨[J].桂林旅游高等专科学校学报，1999（10）：12.

伍中教师的专业化程度。因此,旅游学科地位的确立,旅游学科的发展有赖于旅游教育师资队伍的专业化。

(二)有助于推动我国旅游产业转型升级,实现我国由"旅游大国"向"旅游强国"的转变

当前我国处于完善社会主义市场经济体制和扩大改革开放的关键时期,也是我国旅游业由"旅游大国"迈向"旅游强国"的战略转型期和黄金机遇期,旅游强国的实现,必然以旅游产业结构的调整为依托,而旅游产业结构调整的前提是拥有大量的旅游专业人才。这些专业人才的培养靠旅游教育。旅游教育目标的实现靠专业化的教师,因此说,实现旅游教育师资队伍专业化对于促进旅游业持续快速健康发展、大力开发旅游人才资源、全面提高旅游业队伍的素质、推动旅游业积极参与国际竞争、实现世界旅游强国的目标具有十分重要而深远的意义。

(三)有助于提升旅游教育质量、培养高素质人才

在进行旅游开发时,旅游专业教师是主要承担者,对旅游人才的培养具有中介性、扩大性等效用。在教学中,教师起重要的引导作用,作为旅游学科知识的传承者,旅游专业教师必须精通某一分支学科或所教学科的知识,如旅游经济学、酒店管理学、基础旅游学等,才能在学科教学中高屋建瓴、举一反三,科学而又富于创造地达到教学目标,才能在学术上将学生带到学科的前沿。所以,加强对高校旅游专业教师队伍的建设是一个重要而紧迫的问题,它关系到我国未来旅游业发展后续人才的长远大计。

二、旅游专业教师队伍专业化建设的基本原则

(一)专业师资建设适度超前原则

在旅游教育中,旅游师资是主要承担者,因此要从管理思路、资金投入、政策措施等方面保证旅游管理师资建设的适度超前,力求旅游人才

第四章 高等教育旅游专业应用型人才培养师资队伍建设

总量对师资的需求与旅游专业教师数量适应,旅游人才结构与旅游师资结构相协调,从而保证旅游人才素质提高与旅游业快速发展的要求同步,实现旅游人才资源持续开发与旅游业长期稳定增长的良性互动。

(二)专业性与基础性相结合原则

旅游教育的实践办学特色要求旅游教育的师资来源要广泛,不仅是高学历的高校毕业生,还应积极聘请旅游企事业单位的行业专家和有丰富实践经验的专业技术人员作为学校的兼职教师,使得旅游理论与旅游实践相结合,促进教学和实践的结合;同时,还能帮助其他教师提高实践能力。这样,既可缩短教育与社会、学校与企业、理论与实践的距离,也可以拓宽专业化教师队伍的来源渠道。

(三)全面性与重点性相结合原则

从教师培养对象来讲,教师培养工作首先是面向全体教师,因此,旅游专业教师培养工作应致力于保证全体教师都有通过不同途径和方式获得培养的机会。但另一方面,在师资建设资金有限的前提下,应做到重点突出,有效发挥资金投入在教师培养工作中的导向性和激励作用。

(四)多种形式进行培养的原则

从教师培养形式看,要逐步建立起一套适合本专业实际情况的、高效的培养体系。

第一,对于来自普通高校的教师或者是刚从高校毕业到旅游院校任教的教师,要加强他们的实践能力培养。采取有效措施,每年有计划地选送中青年专业课教师到国内外知名旅游企业或旅游行政管理部门进行专业实践,为他们获得行业资格证书或专业技术职称提供机会和时间。

第二,对于来自旅游企事业单位的教师,要让他们进行教育理论的学习及教学基本功训练,给予他们进修学习的机会,努力提高其教育学术水平。

第三,建立继续教育的培训制度。根据教师的年龄、学历、经历制定出具体的培训计划,让他们到教育部批准的旅游师资培训基地培训;或者聘请旅游师资培训基地专家和具有丰富实践经验的专业技术人员做教员,利用寒、暑假时间对在职教师进行培训。

三、提升高等教育旅游专业教师的专业能力路径

（一）构建理论与实践相互衔接的教学团队

为提升教师的专业能力,有必要在高校院系内部构建新型的教学团队。学业有专攻,每一个教师的兴趣点和研究重点不一样,有的侧重于纯理论的研究,有的侧重于应用转化研究;有的熟悉学术前沿的新成果,有的了解企业行业的新动态。这样由各有所长的教师组建成一个或几个教学团队,就可能达到"1+1>2"的效果。

第一,团队成员之间需要加强相关课程的衔接研究,打破各门课程之间的人为壁垒,使各种相关的知识相互融通、相互印证,丰富教师的知识内存,拓宽其理论视域,增强知识储备的完整性和系统性。这不仅可以加大教师课堂教学的信息量,活跃课堂教学氛围,还能让学生所学的知识相互关联,形成融会贯通的知识体系,使死的知识变成活的学问。

第二,在教学团队集体备课、互相研讨的过程中,各个教师可以进行专长分享,既可获得取长补短之效果,使学术性强的教师更多了解实践方面的情况,实践性较强的教师加深理论方面的修为,又可以通过深入平和的探讨,使教师个人的专业特点得到更充分的展示和加强,从而促进教师专业素养的快速提升,形成一支一专多能的优秀教师队伍。

学校领导和院系负责人要敢于突破传统的教研室设置惯例,在认真分析各课程之间的关联性和各教师之间的专业互补性的基础上,出台相关的政策措施,引导和激励教师自行组建科学合理的新型教学团队,并为教学团队提供必要的场地、资金和设施支持。

（二）搭建教学与实践能力双提升的应用平台

教师专业能力的提升需要相应的平台,如何搭建这样的平台也是一

个值得各个高校认真思考的问题。

1. 搭建好培训交流平台

定期举办学校与当地经济建设学校与地方文化、学校与当地教育事业等方面的论坛,就高等教育旅游专业问题加强交流探讨;督促相关教师根据培训要求,深化专业理论,研究现实问题,提高理论水平和解决实际问题的能力。

2. 搭建好创新创业平台

制定鼓励和规范教师去旅游单位兼职的政策措施,完善有专长和管理能力的教师领办或创办经济实体的制度机制,激励广大教师主动参与创新创业,在实践中增长才干。学校应当为教师参与创新创业提供便利的服务,激活隐藏的教师身上的知识和能力要素,加快科学技术向生产力的转化。

3. 搭建好进修深造平台

高校为地方提供高质量、宽领域的服务,需要有一批理论研究和实践能力十分优秀的教师群体,具有地方企事业单位所不具备的专业理论和技术优势。结合学校的旅游专业建设,面向地方产业升级和社会建设的需要,有针对性地选派教师去国内外著名的学府和企业进修深造,提升他们的理论造诣和专业技能水平。

(三)创建传承与创新相统一的课堂教学模式

提升课堂教学能力是高等教育旅游的专业化师资队伍建设的当务之急。教学是学校培养人才的最主要方式,教学能力是教师最根本的能力。

1. 在深化课堂教学改革中提升教学能力

和基础教育比较来看,高等教育更应该具备课堂教学改革的条件。

从可能性看学生的综合素质比较高,没有升学率的压力,没有海量的作业和考试。从必要性看,大多数高校的学生毕业后将直接进入社会,大学是他们在教师教导下增强独立思考和独立处理问题的能力,增强自我学习与自我管理的能力,增强理论联系实际的能力的最后机会,他们个人能力和人格的成长比掌握一些抽象的概念和公式更加重要。但可能性和必要性并不代表事实,课堂教学改革无论从氛围还是从效果看,都滞后于基础教育。提高教师的课堂教学能力必须改变教师的教育理念,把教学对象当作灵动的生命个体,而不只是接受知识的容器,他们也有表达自身观点、意见的愿望;要改变教师的教学方式,不是让学生被动地接受,而是启发学生的思维,调动学生自主学习的积极性和内在潜力;必须改变教师的教学角色定位,把课堂的主体地位还给学生,把每节课的大部分时间留给学生,让学生自主探究、相互交流,自我展示。学校应当坚定推进课堂教学改革的信心和决心,给教师提供课改的压力、动力和平台。

2. 在传承和发扬优秀教学传统中提升教学能力

从孔夫子开始,中华民族就积累了许多教书育人的经验,中华人民共和国成立后也有许多成功的教学方法,特别是很多高校在兴办师范专科教育时创造了许多独到优秀的教学方法,这些都是十分宝贵的教学资源,应当认真继承和发扬,不断丰富新时期教学手段,如教学相长,要把优秀的传统教学手段与课堂教学改革有机结合起来,是提高教师教学能力和教学效果的最佳选择。

(四)筹建教学与科研相循环的促动机制

在一些高校中不同程度存在教学与科研相脱节的现象。有的教师教学能力强,所上的专业课很受学生欢迎,对课题申报和学术研究不感兴趣,多年不发表科研论文;有的教师则一心一意搞课题、发文章,把教学当副业,课堂教学质量一直徘徊不前。在学术研究中,围绕教学过程中碰到的问题申报课题立项的少,把科研成果运用到教学中去的更少。以科研推进教学,以教学促进科研,形成教学与科研的良性互动机制,也是高校教师提升教学能力的重要措施。

第四章　高等教育旅游专业应用型人才培养师资队伍建设

1. 鼓励教师围绕教学生成教法和申报课题

鼓励教师认真研究当前旅游专业学生的个性特点和兴趣爱好,研究教学方法与新时期人才培养目标的适配性,研究如何运用新媒体丰富教学手段,提高教学效果等。对这类课题高校可以提高课题经费的配套比例。

2. 引导和促使教师协调发展教学与科研

对热心教学、科研能力相对较弱的教师,应鼓励他们做一些课题研究,并定向安排一些校级课题请他们研究;对那些对教学不感兴趣的教师,通过督导等手段促使他们把一部分精力用在提高教学能力上来,引导他们把科研的热情和智慧与改进教学方法有机结合起来。为实现两种类型的教师优势互补,可以促成其结对帮扶,取长补短。

3. 保证年轻教师有适当的学习研究时间

一些高校中青年教师承担了大量的教学工作,加之他们的家庭负担较重,上有老下有小,用于科研的时间和精力所剩无几,既没有时间补充新的知识、优化知识结构,更没有时间静下心来研究一些学术问题升华教学方法。长此以往,不仅其教学科研能力无法提升,而且其教学热情和职业幸福感也会逐年下滑。这对高校的持续发展是十分不利的。

(五)重建知与行相统筹的评价体系

科学的评价标准可以使教师专业能力得到提升。对高校来说,制定完备的教学质量评价体系,是围绕转型发展目标提高教师专业能力的重要手段。

第一,在评价体系中适当加大实践能力的权重,彻底改革过去以发表多少论文来衡量教师能力强弱的做法,把教师的实际操作能力、科技转化能力和组织管理能力纳入考评内容,细化评价标准,保证教师的实践能力得到应有的重视。同时也不能矫枉过正,忽视理论修为的重要性。

第二,根据评价要求不断完善考评机制。教师实践能力的内涵比较复杂,实践创新能力、指导学生实践的能力、科技成果转化应用能力等,相互之间要有一个相对公平的分值,既要考虑实际效果,也要考虑过程;既要考虑经济效益,更要考虑社会效益。为确保考评的公平公正,评委的组成要有教师、学生、企业行业的专业人员参加。

第三,强化考评结果的运用。高校要把考评结果与教师的评先评优、晋职晋级、绩效工资、进修培训等内容挂钩,严格兑现,拉大不同能力、不同业绩的教师之间的经济和政治待遇的差距,打破平均主义的思维和做法,真正发挥考评的导向激励作用,促进教师专业能力的不断提高。

(六)兴建名师与后学相促进的成长模式

在高校的教师群体中,有一批思想活跃、充满朝气的年轻教师,也有一些教学经验丰富、科研成果丰硕的老教师。他们各有所长,各有所短,在日常的教学科研中表现出明显的互补性。但这种互补或者合作,都是自发的、随意的,缺乏相应的规范。学校应当把这种互补或合作以制度的方式固定下来,成为培养年轻教师成长、提升其教学能力的重要途径。

1. 建立高校名师工作室

在本专业,遴选几位在圈内有一定的影响、教学经验丰富的教师组建若干名师工作室,如校内暂缺这样的人才,也可以从校外聘请名师组建工作室。每个名师工作室配备一定数量的年轻教师,借用中国民间工艺传承的师徒制模式,由名师对年轻教师进行带班授艺。这种模式相对一般的行政或学术上的隶属模式其传承意味更加浓郁,更能密切相互之间的关系。

2. 明确名师的责任和权利

名师既可以把名师工作室的其他成员当作助手,为自己的教学科研

第四章　高等教育旅游专业应用型人才培养师资队伍建设

提供必要的帮助,在共同的事业追求中加深理解,增进默契,名师有权将责任心不强的成员开除,同时名师也有责任帮助他们提升教学科研能力,把自己长期积累的研究方法和感悟无私传授给他们。学校要建立健全名师工作室制度,把培养后学的成效纳入名师工作室考核的重要指标,对工作室成员教学科研能力提升明显的名师给予相应的物质奖励,对只讲权利不讲责任的名师可取消其资格或撤销其工作室。

3. 为名师培养后学提供良好条件

名师工作室的最主要的任务是手把手培养教师,学校有责任和义务给予必要的支持。每年安排一定数量的名师工作津贴,并为名师工作室配备相应的工作经费,对成效明显、业绩突出的名师工作室给予奖励,对"带徒"有功的名师在职称晋级和绩效分配上给予倾斜。

（七）优化教师队伍结构

推进教师队伍结构改善,必须统筹兼顾,科学决策,明确思路,统一思想,形成合力,务求实效。

1. 坚持以学科专业建设为核心

师资结构调整必须以学科专业为依托,紧紧围绕专业建设来展开。脱离学科和专业建设来调整师资队伍结构,就会失去着力点和实际归宿,必然成为无源之水、无本之木。学科和专业建设是调整师资结构的主要依据,也是检验师资结构调整是否到位,效果是否明显的唯一标准。师资结构调整必须始终适应和满足学科专业结构调整的需要。基于此,在调整师资结构的过程中,应当建立健全三个重要机制。

（1）敏捷的社会需求反应机制

突破传统的专业和课程设置闭环,建立面向社会需求的反应敏捷的调适机制,对高校旅游专业课程设置和专业调整至关重要。高校应当组建专业团队对旅游产业的形成与发展情况进行系统分析,加强对区域经济发展方向的研究,积极参与地方经济和文化建设,把握国家产业布局和发展趋势以及区域经济特点,并以此作为学校专业和课程调整的现实依据。只有深度融入国家和地方的经济文化建设,各个院校才能科学合理地确定学科和专业布局,进而引领学校教师队伍结构的调整。

(2)有效的专业创新机制

高校要实现为地方经济社会服务的职能,在专业建设上应当具备较强的社会适应和创新能力。对旅游产业和新的人才需求导向不仅要有敏捷的认知和把握能力,还要有快速的行动力,这种行动上的敏捷既需要有一支高素质的适应能力超强的教师队伍做保障,同时也能够进一步促进教师队伍结构的优化。

2. 坚持以动态化管理为手段

教师队伍结构优化实质上就是打破原有的固化结构,突破原有体制机制的藩篱,清除一评定终身的陈规,构建充满活力的动态师资结构,让各种要素自由流动,各类资源活力迸发。没有管理上的创新做保障,教师队伍结构优化只能是一个美丽的"童话"。

(1)职称能上能下

长期以来,高校教师的职称都是"单行道",只能上不能下,职称是每一个教师最大的追求,也是最好的保障。很多教师开展教学只为攒够课时量,申报课题撰写论文只为迈进职称晋升的门槛。一旦目标达到,便偃旗息鼓,不思进取。有职称这个"丹书铁券"的保护,他们能完成本职工作已属难能可贵,至于寄希望于他们关注科技前沿,更新专业知识,拓展专业领域,提升专业能力,那无异于缘木求鱼。因此,只有开通职务既能上也能下的路径,根据考核教学业绩和科研成果,对无所作为的教师实行高职低聘,才能激活他们的内在动力和内在潜力,也才有可能在师资结构调整中具有更大的适应性。

(2)职务能升能降

由于官本位思想的影响和一些院校行政权力高于学术权力的现实,很多教师通过各种途径从教学岗位转到行政管理岗位,并行使相应的管理职能,甚至一些功成名就的教授也放弃学术研究跻身于行政管理行列。实际上,即使在高校这种行政色彩相对淡一些的单位,也一直保存着职务能升不能降的传统,导致行政职务也成了安稳的"避风港",成为很多教师向往的栖身之所,在这里既能掌握一定的资源,又能避免学术科研的竞争压力。一些学术能力较强而管理能力不足的教师也想方设

第四章 高等教育旅游专业应用型人才培养师资队伍建设

法往行政岗位转,这就导致原本不多的教师资源被浪费,行政管理效能也受到影响。加强对行政管理人员的目标管理考核,对不能胜任本职工作的管理者实行降职处理让行政管理岗位也经受风评和考核的检验,使行政职务不再成为人人向往的"避风港"。如此便能较大程度地提高管理效率,减少行政人员,让一些优秀教师重新回到教学一线,提高地方本科院校教书育人的整体水平。

（3）岗位能少能多

总体上教师资源的相对稀缺是优化师资结构的最大制约,这种稀缺既表现为旅游专业在人才引进时选择度不高,一些急需人才资源稀缺,难以引进；也表现为受人事编制限制,校内的专业教师数量不足,师生比偏大,加之学校面面俱到的管理系统占用了较多的事业编制,在一定程度上加重了专业教师总量不足的程度。由此来看,要根据学科专业建设的需要来优化师资结构,无疑是一项难度极大的工作。要实现师资结构优化的目标,最有效的方法就是提高能力复合型教师的比重,让大多数教师具备一专多能的素质,既能在某个岗位做出骄人的业绩,又能胜任有一定关联性的其他岗位的工作。只有这样才能在培育专业的过程中得到及时有效的师资保障。学校一方面应当引导和鼓励教师关注产业发展和科技前沿动态,突破学科和专业壁垒,加强相关领域的课题研究和技术攻关；另一方面要加强教师的培养培训,根据学校发展规划和专业建设重点,提前安排教师进行新知识、新技术和新能力的培训。对专业调整之后的富余师资,也使其通过进修培训找到并胜任新的工作岗位。

3. 坚持以教育发展规律为遵循

优化教师队伍结构必须严格遵循高等教育发展规律,既不能照搬照抄其他行业和部门的做法,也不能搞长官意志和轻率决策。

（1）坚持眼前与长远相结合

优化教师队伍结构,一方面要着眼当前,按照问题导向思维,解决好教师队伍结构失衡、效率低下的问题,特别要破解好学校教师资源不足和浪费严重、"产能过剩"和有效供给不足同时存在的矛盾,以优良的师资结构来提升育人质量和办学效益。另一方面又要放眼长远,把握经济社会发展趋势和变化规律,把握高等教育的发展方向和内在规律,让思想观念紧跟时代发展的步伐,用前瞻性思维来谋划专业布局和师资结构,防止结构调整大起大落,劳民伤财。

(2)坚持坚守与应变相结合

教师队伍结构优化调整应当坚守高等教育的话语体系,用符合高等教育规律和高知识群体特点的思维和方法来推进,不宜完全套用市场经济的方法和物质刺激的手段来推进师资结构调整;应当坚守本校的办学特色,以学科特点和专业特色为基础,打造独具特色的师资队伍结构,不宜东施效颦,丧失本色,导致师资结构大众化和同质化。与此同时,又要用开放和开明的心态谋划师资结构,善于和勇于吸纳新的资源,吸收新的理念,吸取新的经验,因势而变,顺势而为,使师资队伍结构与时俱进,充满活力。

(3)坚持实际与创新相结合

实事求是、从实际出发是马克思主义的思想路线,也是优化教师队伍结构的基本方法。一方面打造优良的教师队伍结构,要立足于学校的实际,包括办学条件和教师队伍实际情况,循序渐进,协调推进,切忌贪大求全、好高骛远、急躁冒进;另一方面又要大胆创新,在路径上、方式方法上独辟蹊径,根据不同的情况、不同的对象和不同的问题采取不同的方法和措施,因时施策,因事施策,切忌食古不化、简单粗放。

4. 坚持以服务促优化为原则

教师队伍结构优化既要有科学求实的精神,更要有服务至上的理念。过分强调行政推动力和制度约束力,而忽略高校和专业自身的特点,放弃服务师生的基本宗旨,是无法实现优化教师队伍结构目标的。以提供优质服务为手段,激发教师的主动性和创造性,是教师队伍结构优化的最佳路径。

(1)寓服务于以人为本之中

确立以人为本的思想,是开展优质服务的逻辑起点,一个以物为本或视人为物的管理者是不可能产生服务意识的。在优化师资结构过程中,必须突破把人与财、物并列起来作为管理对象的传统思维,突出人的主体性和主体地位,教师队伍结构优化要让教师在各个岗位上都能有所建树,必须激发和保护好教师内在的主动性和创造性,否则师资结构调整只能成为一种摆设。把教师作为学校学科专业建设和优化师资结构的主体,竭诚为他们服务,是激发和保护他们主动性与创造性的唯一途径。

(2)寓服务于民主决策之中

无论是优化学历结构还是职称结构,抑或打破学缘、地缘结构,每一项政策措施的出台,都要尊重和保护教师的知情权、参与权和决策权,坚持人格平等、相互尊重,通过平等对话、沟通交流,达到集思广益、科学决策的目的。教师参与决策,并不只是起着提建议、谋良策的作用,更重要的是统一认识、达成共识、推动落实。如果仅仅把教师当成执行学校政策规定的工具,再好的决策都难以落到实处,实现预期效果。

(3)寓服务于竭诚为教师排忧解难之中

受办学条件和经济实力的制约,高校相当一部分教师的工作和生活都存在一些不尽如人意之处,师资结构调整还会给一部分教师增加新的困难和困惑。如果我们只两眼盯住前方的目标,而不顾后面留给教师的困难和问题,这样的进步是走不了多远的。只有"瞻前顾后"、协同推进,才能获得成功。所以,对师资结构调整过程中出现的矛盾和问题,特别是教师遇到的困难,应当高度重视,及时主动为他们排忧解难。对那些因能力或业绩不能胜任本职工作而被降级降职的教师或管理人员,要因人而异,有的放矢,用不同的方法,有针对性地帮助他们卸掉包袱,提供新的创业机会和事业平台,以和谐安定的做事环境保障师资结构调整工作的顺利进行。

第五章　产学研视角下高等教育旅游专业应用型人才培养

旅游专业应用型人才应具备的基本条件是扎实的专业知识、能够熟练掌握旅游生产一线的基本技能、能够迅速投入旅游企业并且具有创新精神。这就要求高校在旅游专业教学中,应以培养职业岗位能力为中心,为生产、管理、服务一线输送高质量的操作技能人才。服务地方经济,成为众多应用型地方本科院校的目标,既要提高学生的专业理论水平达到高等教育层次的要求,又要强化实践教学环节,使学生具有较强的实践操作能力,要实现这一培养目标,就必须走产学研一体化的路子。把提高毕业生的就业能力和发展能力,实现毕业生在行业内高度集聚作为基本办学目标。学校在注重为社会、为旅游行业培养高素质应用型人才的同时,也十分注重教学科研成果对行业发展及政府相关决策的影响力。

第一节　旅游产业链分析

"产业链"一词源自制造业。由原料到初级产品、中间产品,直到面对消费者的最终商品的生产企业形成一个产业链条。但旅游产业链不同于制造业产业链,旅游产业链是为了获得社会、经济效益,旅游产业内部的不同企业(行业)承担着不同的职能,共同向消费者提供产品和服务时形成的分工合作关系。旅游产业链是以旅游资源、旅游设施、旅游服务以及相关保障系统构成的。从整个旅游过程来看,提供旅游产品的不同行业组成了一个链状结构,游客从旅游过程的始端到终端,需要众多的产业部门向其提供产品和服务来满足他的各种需求。其中,不仅包括作为要素的食、住、行、游、购、娱,也就是旅行社、餐饮企业、酒店、交通部门、景区景点(休闲娱乐设施)、旅游商业等旅游核心企业,还包括其他相关产业部门、政府部门、行业协会等的保障支持体系。特别是诸如农业、园林、建筑、金融、保险、通信、广告媒体以及政府、行业协会的管理服务部门等。

旅游产业链不同于制造业,产业链中的所有环节都直接服务于消费者,其各行业、企业之间不是纵向的连环关联,而是横向的联系方式,彼此之间不存在直接的生产方面的关系和利益方面的联系。

旅游业主要通过劳动服务的劳务形式,向社会提供无形的效用,即特殊的使用价值,以满足旅游者进行旅行游览的消费需要。其行业的基本特征是非生产性的。旅游业从整体上看,它不是实现商品流通的经济部门,而是凭借旅游资源,利用旅游设施,提供食、住、行、游、购、娱的劳务活动,去满足旅游者旅行游览消费的需要。所以"服务"是旅游业的核心价值之一。

旅游活动作为一种新型的、高级的社会消费形式,往往是把物质生活消费和文化生活消费有机地结合起来的。以经济发展、文化水平提高、信息技术发达(知识经济)为背景,旅游业呈现多样化、个性化、学习型等新趋势,旅游业的文化、技术含量日益提高。其日益提高的文化、技术含量,对从业者提出了较高要求,特别是精神文化素质要求。

第二节 产业发展与旅游人才需求分析

伴随着中国经济高速发展,旅游行业从无到有,自然也产生了一些问题。

一、旅游人才需求与供给数量的比较分析

即使考虑目前旅游行业在职从业人员的存量部分,我国旅游人才供给仍远远不能满足产业发展对人才的需求。

二、旅游人才需求与供给质量的比较分析

(一)旅游从业人员素质要求

所谓旅游从业人员的素质,是指从事旅游职业的工作人员的气质、性格、兴趣、风度、知识和技能等方面的综合品质。旅游从业人员的素质应该是性格、品德、智慧、教育和经验的综合,同时还应具有人际沟通与社交能力、表达能力、专业技术能力、领导组织能力等基本技能。具体来说,应该包含以下几方面的内容。

1. 旅游从业人员应有较高的政治觉悟和良好的职业道德

一是良好的政治素质,其主要表现在爱党、爱国、爱人民、爱生活,处处维护国家和民族的利益与形象,在旅游服务中,体现国格和人格。二是无私的奉献精神。其主要表现为热爱旅游事业,志向坚定、兢兢业业、忠于职守等。三是高度责任感和顽强的意志力。其主要表现为工作自主性和创造性,高度的事业心、责任感和应对各种问题的意志力。四是良好的劳动观念与服务意识。其具体表现为工作中吃苦耐劳和全心全意为客人服务的精神。五是较强的法律法治观念。主要表现在工作中能够知法遵法守法,运用法律维护客人和自身的合法利益。

2. 旅游从业人员应有较好的文化知识修养

旅游服务的对象是人,是受过各种不同程度的教育和各类文化熏陶的"文化人"。这就要求服务者首先是一个有较高文化层次的、与旅游业相适应的知识结构的"文化人"。这些文化知识涉及政治、经济、地理、

第五章 产学研视角下高等教育旅游专业应用型人才培养

历史、心理、艺术等众多领域，同时包括从事旅游职业的理论知识、实践知识以及信息化时代下的旅游新兴产业相关知识结构体系。

3. 旅游从业人员应掌握必要的服务技能和管理技术

旅游业是一个综合性的行业，包括旅行社、酒店、交通运输、饮食、游览娱乐等行业，这些行业既相互联系又相对独立，每个行业有着不同部门、岗位，这些岗位有着不同的特性、不同的服务技能与管理技术，掌握这些服务技能和管理技术是旅游从业人员职业生存与发展的必要条件。

4. 旅游从业人员应有较强的职业能力

能力是知识与经验的集合。旅游业作为一项应用性、操作性比较强的行业，要求旅游从业人员在服务接待和经营管理中，具备实际操作能力、沟通与信息获取能力、综合知识能力、竞争能力、创新能力以及终身学习能力，从容应对旅游工作中各类问题与挑战。

5. 旅游从业人员应有宽广的国际视野和较高的国际交往能力

旅游是一种社会经济现象，更是一种文化交流过程。旅游活动促进了不同国家与地区之间社会、经济、文化相互交流，同时也促进了旅游行业的国际化。旅游行业国际化，要求旅游从业人员具备较强的国际意识和宽广的国际视野，了解不同国家与地区的历史文化，尊重不同国家与地区的文化传统与风俗习惯，熟悉和遵守旅游行业国际规则，具有较强的国际交往能力和国际竞争能力。

6. 旅游从业人员应有良好的心理素质和健康的体魄

健康良好的身心素质是旅游从业人员实现社会价值与人生价值的基础，它包括人的气质、性格等心理素质和健全的体魄。旅游业具有服务性的特点，面对来自不同国家地区、有着不同文化背景和个人爱好的旅游者及其旅游服务需求，面对多种多样的旅游活动，面对非常态的工作时间与强度，面对纷繁多变的工作环境和要求，旅游从业人员必须具备良好的身体和心理素质。

（二）旅游院校人才培养质量分析

不同培养层次从业人员的能力结构存在着较大的差异。其中研究生及本科培养层次的理论素养相对较高，但专业技能、实践能力、职业素养等方面相对较弱。高职、中职层次情况正好相反，其理论素养相对较弱，而专业技能方面相对较强。

（三）提升旅游院校人才培养质量的探索

1. 明确专业人才培养定位，办出专业特色

旅游产业发展和转型升级对旅游专业人才培养提出了更高要求，因此，高校要以服务旅游产业发展为宗旨，以学生就业与职业发展为导向，明确办学定位和人才培养定位，科学合理布局专业结构。在办学过程中凸显专业区域特色，错位发展，构建多元化专业建设机制，优化人才培养层次结构，努力构建适应区域经济社会发展和旅游产业需求的结构合理、优势突出、特色鲜明的专业格局。

2. 完善校企合作办学机制，创新专业人才培养模式

高校应坚持产教融合、校企合作、工学结合，积极探索办学治理结构改革与创新，通过成立校企合作理事会、职业教育集团和专业建设指导委员会等形式，构建政行企校相结合的办学体制机制，为专业建设和人才培养搭建平台与提供保障。同时，针对旅游应用技能型人才培养的特点与要求，强化教学、学习、实训相融合的教学活动，积极推进半工半读、工学交替、顶岗实习人才培养创新模式，营造前店后校、校中店、景校合一等全真教学环境，推行现场教学、项目教学、任务引导教学、案例教学、工作过程导向教学等教学模式。积极开展旅游企业见习观摩、校内技能训练与生产性综合实训、校外顶岗实习等实践教学活动，强化以育人为目标的实习实训考核评价，积极推进学历证书和职业资格证书

第五章　产学研视角下高等教育旅游专业应用型人才培养

"双证书"制度。积极推进订单培养与现代学徒制试点改革与实践,构建校企合作育人机制。

3. 对接旅游职业标准,构建专业课程体系

高校应积极开展旅游企业调研,针对不同业态和企业,开展旅游职业分类研究,并结合不同职业岗位(群),展开基于工作过程的岗位能力分析,适应旅游产业升级和技术进步需要,建立专业教学标准和职业标准联动开发机制,校企合作制定人才培养方案、合作开发课程和教材。积极推进专业设置、专业课程内容与职业标准相衔接,深化课程改革,开发课程资源,更新教学内容,优化课程设置,构建并形成紧扣产业、特色鲜明、动态调整的旅游职业教育课程体系。按照旅游专业人才培养对素质教育的要求,强化旅游专业学生职业精神、人文素养和职业养成教育。

4. 打造"双师型"专业教师队伍,满足应用型专业人才需要

师资是学校核心竞争力。教师队伍建设是高校旅游人才培养、专业建设和教育教学改革的关键。为此,高校应结合旅游专业应用技能型人才培养的要求与特点,重视和加强"双师型"教师队伍建设,建立和完善旅游专业教师资格准入制度,健全分类指导、分类管理的教师绩效考评体系和专业技术职务(职称)评聘制度。制定倾斜政策和建立约束机制,大力推进旅游专业教师企业顶岗实践制度,提高专业教师的实践能力和应用水平,提升"双师型"教师比重。积极开展校企合作交流,结合学生实习就业基地建设,推进和旅游大型企业共建"双师型"教师培养培训基地。聘请具有实践经验的旅游企业管理人员、专业技术人员和能工巧匠担任兼职教师,积极开展校企双专业带头人和大师工作室试点,建立技能名师和企业专业教师信息库,建设一支双师素质、专兼结合的专业教学团队。制定优惠政策,支持教师与旅游企业合作开展技术研发和创新,鼓励教师在岗离岗创业。

5. 加快推进信息化,培养适应产业转型升级

专业人才基于网络的信息技术已经对旅游产业结构造成了重要影

响,"互联网+旅游"开辟了旅游专业新的领域,也对旅游专业建设和人才培养提出了新的要求。高校要把信息化作为现代职业教育体系建设的基础,加快信息化基础设施平台建设,实现宽带和校园网全覆盖,推进旅游专业教学资源库开发与建设,实现优质教育资源校内、校际和校企覆盖与共享。加快数字化专业课程体系建设,利用信息技术改造旅游专业课程,使每个学生都具有与旅游职业要求相适应的信息技术素养,并将信息技术课程纳入所有专业,以适应旅游行业发展和旅游产业信息化要求。同时,加强对旅游专业教师信息技术应用能力的培训,以适应旅游专业教学和旅游产业转型升级对人才培养的需要。

6. 重视职业养成教育,培养和提高学生职业精神与就业能力

职业精神与职业素养是旅游专业学生从事旅游工作的必备条件。高校可以通过开展形式多样的实践活动来强化学生的职业精神与职业素养的培养。如举办和开展专业技能大赛、旅游文化节、职业活动周、礼仪文明月、志愿者服务等活动,锻炼学生的职业技能,培养学生的职业素质,激发学生的职业意识和职业自豪感。除了课堂教学和第二课堂活动以及社会实践外,高校还要注重对学生日常生活行为的职业养成教育,学校日常内部管理、校园文化建设、优秀教师人格魅力都是学生职业素质养成的有效途径和平台。高校还可以通过更新学生就业择业观教育,合理规划专业课程,让学生在离校实习或就业前具备旅游职业精神、职业素养和职业技能,从而提高学生就业能力。

7. 加强国际交流和合作,打造中国旅游教育品牌

旅游业是改革开放后我国率先与国际接轨的一个行业,也是与国际交流和合作最密切的一个行业。随着旅游活动与旅游产业的国际化,特别是国际旅游品牌企业进入国内市场和国内旅游品牌企业走向国际市场,国际化的旅游专业人才需求量巨大。因此,高校要完善中外合作机制,积极引进国(境)外高水平专家和优质教育资源,开发与国际先进标准对接的专业标准和课程体系,按照国际标准培养适应中外旅游企业需要的国际化人才。同时,高校也要积极开展与国外旅游院校教师互派、学生互换,大力推进中外旅游院校合作办学项目,实施"走出去"发展战

略,开展到国(境)外办学试点,在国际旅游教育舞台上,打造中国旅游教育品牌。

8. 加强专业评估,完善人才培养质量评价体系

高校应结合专业建设要求,通过人才需求调研、内涵建设、质量监控与评价、毕业生就业跟踪调查等方式,加强专业内部评估,适时调整专业培养方向和课程设置,建立健全专业随产业发展动态调整的机制,完善人才培养质量评价体系。同时,高校可以通过第三方组织评价和监测,以检验专业设置合理性、专业建设科学性和人才培养有效性,从而及时修正和调适旅游专业配置。

9. 通过政府宏观指导和政策支持,推进旅游职业院校科学合理设置专业

政府可以根据旅游行业发展要求,对旅游职业院校给予宏观指导,引导高校正确定位办学目标和人才培养方向,加强专业结构布局优化,有效配置经费投入,重点支持符合旅游产业发展规划需要的专业领域,切实解决专业设置盲目无序和专业同质化现象。教育部门应完善职业院校专业设置相关政策法规和管理办法,规范职业院校专业设置工作;适时制定和发布专业结构与布局规划,为高校专业设置提供指导和依据。旅游部门应编制区域性旅游人才发展规划,建立旅游人才需求预测预报制度,及时发布旅游行业发展新动态和区域旅游人力资源状况及需求等信息,并配合教育部门,积极引导高校专业设置,加强对高校办学和人才培养工作的行业指导与监督。

10. 通过产教融合,激发企业参与院校人才培养内在动力

旅游企业应积极主动与高校开展校企合作,通过校企合作理事会、职教集团和专业合作委员会等形式,建立健全校企合作机制,实现产教融合。校企合作教育是一种以市场和社会需求为导向的运行机制,是学校和企业双方共同参与人才培养过程的教学模式。根据高校和旅游企业优势互补、合作共赢原则,旅游企业的技术和管理人才可以有效地参与高校的专业设置、培养方案制定、课程与教材开发、质量评估、人才质量标准制定以及教学过程等各个环节,可以有效地把企业市场周期性和院校人才培养的长远性结合起来,满足旅游企业长远发展需要,增强旅游企业竞争力。

第三节 "产学研"合作培养旅游专业应用型人才模式

中国旅游教育近年来虽然规模上得到了快速的扩张,但其人才培养却出现了理论与实践脱节等诸多问题。这就需要高等旅游院校不断加强旅游管理专业实训基地建设,着力提高教师和学生的研究水平,积极促进旅游研究成果的转化及应用,走"产、学、研"合作培养人才的道路。"产、学、研"合作是指企业、科研院所和高等学校之间的合作,通常指以企业为技术需求方与以科研院所或高等学校为技术供给方之间的合作,其实质是促进技术创新所需各种生产要素的有效组合。

一、校内产学研合作模式

为了实现教学与科研相融合、推动科研成果向生产力转变、筹集办学资金、运用学校现有的无形资产、科研和人才资源,建立自主经营、自负盈亏的经营主体,实现人才培养、科研发展和经营管理相统一。

其优点是:方便了校内的统一、高效的组织与计划;可以更好更快速地将学校的技术成果转变为产品;能够推动学校积极地进行营销活动,增强与社会的联系;能够迅速获利,为校方提供新的工作机会,减轻因人事制度变革而造成的人才空闲;能够很好地协调教学、科研和产业之间的关系。但是,在这种模式下,学校作为企业的发起人和管理者,其自身的实力并不在于其产品的制造和运营,而是在于人才、科研和技术,如果将全部的时间都用在了经营上,必然会与教育和科研的重心背道而驰。

二、双向联合体合作模式

高校的主要任务是培养人才,市场化的管理和生产方式不是高校的特色,缺乏市场开拓和资本。在此背景下,大学的产学研合作与校外的企业合作势在必行。与大学的联合,使校外的公司获得了强大的人才、成果和技术支持,从而增强了新的研发实力,有利于扩大公司的规模和市场占有率。

这种模式具有快速、直接的优势,其优势互补显著,主要侧重一次性操作,技术转让、项目转让、服务咨询和人员培训是其最重要的方式,转让或者项目实施后,双方的合作就结束了,学校不需要进行任何的投入,也不需要承担任何的风险。但由于该模式仅局限于利益主体,在利益分配、信息与沟通、经费与政策等方面的分歧难以调和,致使合作成功率不高。

三、多向联合体合作模式

市场就是这样,大家都希望能将风险降到最小。一些研究结果,尤其是一些具有一定市场价值的大项目,由于投入巨大,不能通过双方的协作来实现,于是就出现以三主体为主要形式的多向合作模式。三向包括技术成果方(高校)、出资方(金融机构或个体资本投资者)与生产经营企业。

多向联合体合作模式具有合作紧凑规范、风险低、合作期限长、潜在效益巨大、综合效益显著等特点。但因为投入巨大,所以出资方都很小心,在项目初期,很多项目都是经过深思熟虑的,有些项目的技术成果牵扯到了多所高校,所以项目的成功概率很小。这种经营方式以大的规模和市场为目标。

四、中介协调型合作模式

由于前几种合作主体都是直接利益方,在合作的整个过程中存在着技术成熟度、资金投入是否到位、产品开发与市场进入是否有效、权益与利益的占有与分配标准不明确等问题。此外,由于缺乏沟通的渠道,往往造成学校的成果和企业方的市场机会流失。因此,近年来,我国开始形成以中介机构为桥梁的新型经济合作方式。这些中介组织包括政府的生产力促进中心、高校产业推广服务中心、社会科技推广服务机构以及一些媒体附属的科技成果传播机构等。其主要特征是:大量搜集产学研的供需信息、多种渠道的情报,主动牵线搭桥,以中间人身份调解双方的矛盾,并提供某种形式的担保,负责信息真实性的调查与利益分割等,有意识地降低供需多方的风险程度,促进合作成功。

第四节 旅游企业在"产学研"高等教育应用型人才培养中的角色

企业活跃在经济场域中,是产学研共同体场域的主体。通过产学研合作,企业可以实现产品研发,提升自身的竞争力,并帮助高校转化科研成果。通过为高校提供实习基地,可以进一步吸引与留住人才。与高校共同开发课程,制定人才培养方案,参与高校专业的发展与建设。另外,企业通过与高校合作,还可以在一定程度上获得政府提供的资助。

一、人才培养方案:旅游企业的职责

(一)培养目标的确定

从全球角度来看,旅游产业的迅猛发展催生了旅游产业、商务旅游、生态旅游、红色旅游、乡村旅游、民俗旅游、高端旅游、特种旅游、科技旅游、滨海旅游、温泉旅游、健康养生旅游、度假旅游等新的旅游形式。随着市场的发展,旅行企业也在进行着相应的调整。例如,原先的度假村一直都停留在低档次,规模小,设备落后,产品构成也没有什么改变,大体相同。但目前,旅游管理人员不但要关注经营模式、管理模式、制度、品牌、市场环境,还要关注资金、土地、人才、信息、技术等要素,将其整合起来,才能使公司真正成长起来,实现可持续发展。而要做到这一点,

第五章 产学研视角下高等教育旅游专业应用型人才培养

需要多种类型的、多方面的专业人员。旅游公司和高校共同努力,共同制订培训计划,把企业诉求表达出来,使高校的人才培养方案更接近于企业的实际。

(二)师资队伍的建设

经过30多年的发展,高等旅游教育已取得比较大的成绩,形成了一支具有较为扎实的理论功底和较高的文化素养,并具有一定实践经验的师资队伍,即"双师型"教师队伍或"双师结构"等。但毋庸讳言,不少从事旅游专业教学的教师,即使是原来从企业引进来的教师,由于长期脱离旅游生产和管理第一线,对行业发展实际需求和实践能力未必有切实体验,缺乏对行业前沿技术、知识的了解和应用。旅游专业教师缺乏实践经验,一些教师的知识结构老化,特别是对国内外旅游业动态了解不够,旅游相关知识欠缺;教师的知识转移能力不够,不能在相近专业转换,这些均影响了教学水平和学术水平的提高。因此,没有一支理论与技能均过硬的教师队伍,要想培养出高素质、技能型的旅游人才,可能是不现实的。借助于旅游企业的力量,把旅游企业建成旅游专业师资队伍训练基地,应当说是一条重要的途径。

一是"走出去"。注重教师到旅游企业挂职锻炼、顶岗实践,形成一套规章制度及运行机制。其实,不少院校已经认识到了这一点,并为此做出了积极的努力。比如,桂林旅游高等专科学校为加强"双师型"教师培养,制定了相关配套制度,承认教师在企业挂职锻炼的工作量,合理计算工作报酬。同时,也规定了教师应在企业里获得的能力等要求。

二是"请进来"。许多高校在开设旅游专业的过程中,会聘请企业人员直接给学生授课。授课人员主要是具有丰富实践经验的企业总经理、经理、一线的能工巧匠,将他们聘为兼职教师,让他们走进课堂或开设专题讲座。比如,"名导进课堂"工程的实施,将行业对人才的要求融入教学,指导学生进行模拟和实践,教导学生建立正确的职业理念,形成良好的职业道德和职业精神,同时介绍行业信息、先进理念和管理方式。企业兼职教师授课时,不仅学生在听课,而且学校教师也要听课,以从中了解行业发展动态和趋势。

实际上,无论是"走出去",还是"请进来",对院校和企业来说都会收到"双赢"的效果。正如有的学者所指出的,校企双方人员交流与互聘的结果,既能使各自人员的知识和能力得到丰富和提高,实现双方资源共享、优势互补,也建立了双方人员的友谊,密切了校企之间的关系。

二、旅游企业:高校旅游专业的实训基地

旅游教育面向旅游企业岗位需求,当然离不开企业参与,离开企业参与的旅游教育注定在市场大潮中没有竞争力。旅游专业教育特别是高职高专院校的培养目标,是为社会和行业、企业培养高素质、技能型的人才,具有较为明显的职业性、实用性和开放性。因此,加强实训基地特别是把企业建成实训基地,是提高旅游专业人才培养质量,提高学生实际操作技能,实现与职业岗位"零距离"对接的根本途径。

我国高校旅游专业与旅游企业的合作,主要模式就是把企业作为学生实训基地。时间的长短因学校或专业而异,大部分在半年或一年左右。这种做法,就是"充分利用旅游企业的设备设施、条件场地、管理经验、技术力量、人才、资金、信息等方面的优势为旅游教育服务,为旅游教育的发展提供有力的支撑条件"。使学生有更多机会,更快、更全面地熟悉企业运作模式和工作程序,提高学生动手能力、实际操作能力,满足旅游企业对旅游人才的能力与素质要求。通过旅游企业这种校外实践基地和实习的实战演练,学生直接接触行业、接触社会,通过到第一线去实习、实践,熟悉和掌握正在使用的设备和技术,让学生在实际工作环境中感受、认识、学习、提高,增强对未来工作的适应能力,也为今后的就业打下基础。学生由于在企业实习实训,进行技能培训和顶岗实习,走上工作岗位后适应期短,能很快进入角色,适应社会的能力也能得到快速提升。

课本上的理论知识是实践的基础,学校安排的课程是否合理对学生有不可忽视的影响,只有理论结合实践才能更好地发挥学生的主观能动性。在学校学的课程在实践中能直接用到的不多,很多东西都是潜移默化的,理论性很强的学科在初学的时候都是很难理解的,但真正接触到了其内涵并重新去体会的时候,就会有更深的理解,学生在学校所学的课程大多属于这一类型,旅游购物促销、礼宾礼仪、语言技巧等比较实用的课程比较少。另外,旅游这个行业要求从事旅游的人必须知识面广,地理、历史等方面的知识越丰富越能体现其专业化。

旅游企业要真正成为旅游院校的实训基地,应当遵循"强化两个责任,贯彻一个理念"的基本原则。

1. 强化旅游企业的责任

企业责任是多方面的,其中之一就是培养人才的责任。"人才资源是第一资源。"然而,真正把这种责任落实到实际行动中,尚需付出巨大的努力。就旅游人才而言,旅游企业与院校的关系,本来是天然的密切,为什么还要强化?因为还要提高满意度。旅游企业家应当清楚,把企业建成院校的实训基地,接受院校教师、学生锻炼或实训,提高他们的职业素养与能力,对于自身长远发展有百利而无一害。通常所说的"企中校",就是如此。

2. 强化院校的责任

对院校而言,把企业建成实训基地也是分内之事。从学生入学之日起,就要把职业能力放在首位,对他们的实习实训有一个全盘的规划。选择企业、制定规章、人员保障、跟踪调查、密切协作等,都必须未雨绸缪,周密安排。切实加强学生到企业后的管理,把企业看成学生学习的课堂。

3. 贯彻"工学结合"的理念

人们对这个理念已经耳熟能详,简单地说就是"学中做、做中学""工作过程就是学习,学习过程就是工作"。对旅游人才培养来说,绝不是摆在墙上、挂在嘴上,而是实实在在的行动。旅游企业是学生最好的学习场所,旅游企业的项目、任务、流程,学生必须亲自体验,亲自完成。

旅游企业成为院校人才培养基地,符合旅游人才培养规律,对院校和企业的长远发展均会起到不可估量的作用,值得旅游教育界、企业界认真思考和研究,并建立一种完善的可以操作的机制。

第六章 创新创业视角下高等教育旅游专业应用型人才培养

创新和创业密不可分,人们的创业活动离不开创新,创新是社会进步的灵魂;创业是创新的表现形式和载体,是推动经济社会发展、改善民生的重要途径。创新创业教育是当今高等教育现代化的发展方向,通过创新创业教育可以推动教育的革新,明确大学生创业意向,助推专业知识转化成创业成果,促进大学生的全面发展和社会进步。

第一节 高等教育旅游创新创业教育概述

一、创新创业教育的内涵

创新创业教育是我国建设创新型国家的一系列战略举措在教育领域中的重要组成部分。创新办学体制机制、推进全面综合改革、提高人才培养质量是全国各类高校共同面对的重大课题。在中央、地方各级政府机关与主管单位的协同促进下,地方高校创新创业教育已经步入正轨,出现了学生创新意识和创新能力显著提高、毕业生创业人数逐年增长、涌现出一大批学生创业典型的喜人局面。但是,对于高校的旅游英语专业而言,还存在旅游英语专业教育与创新创业教育相互脱节、人才培养目标模糊、专业特色不鲜明、创业实践平台建设滞后和创业指导的师资力量匮乏等问题。

早在20世纪90年代,创新创业教育就已经实现了一定的发展和突破,学术界站在不同的角度,针对创新教育的现实表现进行不断的实践

第六章 创新创业视角下高等教育旅游专业应用型人才培养

以及理论研究,部分创业教育主要以高校试点的形式为主体,其中大学生是主要的教育对象,学校利用各种教育教学策略和手段引导学生主动地创业。教育部在2010年提出将创业教育和创新教育相结合,明确创新创业教育的现实要求和具体标准,其中创新创业教育需要以全体学生为重要的对象,积极地结合人才培养的全过程不断地提高学生的综合实践动手能力,鼓励和引导学生在主动参与和实践时养成良好的社会责任意识,提高自身的创新能力。

(一)创新与创业的内涵

1. 创新的概念

从狭义上讲,"创新"是一个经济学概念;从广义上讲,"创新"不仅是指从无到有的创造,也包括从旧到新的创造,不管是产品的形态、造型、工艺、流程,还是管理的制度、观念、文化,只要与既有的相比,在形式或内涵上有了新的突破,即可以称作"创新"。

一般认为,创新是指提出不同于一般人思维方式的观点,可以运用已有的知识和材料,在特定的情况下,根据理想化的需要,或者为了符合社会的需求,对事物、方法、元素、路径、环境进行改进或者创造,并且可以取得一定有益效果的行为。

2. 创新的基本类型

每个人都可以成为创新者,对于普通人来说,创新不是遥不可及的,一个团结协作、富有战斗力和进取心的团队,配以高效、系统化的方法,可以有效实施创新,取得令人满意的成绩。

(1)盈利模式创新。盈利模式创新是指企业寻求一种新的模式将既有产品或者其他有价值的资源转变为现金。这样的革新经常对企业中的一些传统观念产生质疑,比如生产什么产品,产品的定价是多少,怎样获得收益,等等。盈利模式创新的典型代表是溢价和竞拍。

(2)网络创新。当今社会,高度互联,任何一家企业都不敢说不论是技术、产品,还是渠道、品牌等问题都完全能自己完成,往往需要与其他企业合作，实现共赢。在当今高度互联的世界里，没有哪家公司能够独自完成所有的事情。网络创新的典型代表是悬赏或众包。

（3）结构创新。企业结构的革新就是以一种特殊的方法去整合企业的各种资源，包括硬件资源、人力资源和无形资源，为企业创造价值。这包括了从人力资源的管理体系到大型固定设备配置等各个方面。如建立激励机制，激励员工朝着特定目标努力，实现资产标准化，以减少运营费用、降低管理难度等。

（4）流程创新。流程创新涉及公司主要产品或服务的各项生产活动和运营。这种创新要求对过去商业运作模式进行根本性的改革，从而赋予企业特殊的功能，可以有效地运作，快速地对新情况作出调整，并且在整个行业中取得比其他企业更大的利润。流程创新常常构成一个企业的核心竞争力。

（5）产品性能创新。产品性能创新既可以指产品的结构或工艺有了改进，产品的设计制造费用有了大幅度的降低，产品的设计更加符合人机工程学的概念、更受消费者的青睐，也可以指更有利于人体身体健康，对环境资源的破坏性小等。这是最容易被竞争对手效仿的一类创新。

（6）产品系统创新。产品系统创新就是通过把单一的产品与服务结合在一起，形成一个具有很强的可扩展性的体系。产品体系的革新有助于帮助企业构建一个既能吸引客户，又能让客户满意，又能抵御竞争对手的攻击的生态环境。

（7）服务创新。服务创新可以在使产品的功用、性能和价值得到提升的同时，更容易激起消费者的好奇心，他们愿意进行试用体验，了解平时不易引起重视的特性和功能，消费者平时使用过程中遇到的问题能够得到妥善解决，增加消费者体验愉悦度。

（8）渠道创新。渠道创新是指把产品与消费者和用户连结起来的各种方式。尽管近几年来，电子商务已经占据了主导地位，但是，传统的销售渠道，比如实体商店，仍然具有举足轻重的地位，尤其是如何给消费者带来沉浸式的体验。这一领域的资深创新者通常将传统渠道与新型渠道结合起来，挖掘出互补的方式将自己的产品和服务更好地呈现给消费者。

（9）品牌创新。品牌创新可以使消费者和用户在面临与其相类似的商品或其替代品的时候，能够认清并记住你的商品，从而选择你的商品。优秀的品牌创新可以提炼一种"承诺",这个承诺可以吸引买家,并且可以传达出一种独特的特性。

(10)顾客契合创新。顾客契合创新就是要了解客户及使用者的深层次需求,并以此建立和发展客户与企业之间的有意义的关系。顾客契合创新为企业提供了更大的发展空间,并有助于人们寻找更好的方式来让他们的生活更值得纪念,更有成效,更快乐。

单一的创新,如仅选取一种或两种形式,并不一定能取得持久的成功。企业要建立可持续的竞争优势,就必须将以上提到的各种创新方式进行综合运用。

3. 创新的特征

创新是人类所独有的一种认知能力和实践能力,是人的主观能动性的一种更高级的表现形式,也是促进国家进步和社会发展的不竭动力。在人类社会以外,其他的动植物仅仅是进化和演化,并没有创造。创新是以基本的专业知识为基础,以艰苦的精神劳动作为方法,以敏锐的观察力、丰富的想象力和深刻的洞察力作为指导,反映出与事物发展的要求相一致的基本规律,是一种有规律的实践活动。

创新是在实践中取得突破。它既非一般的重复性工作,也非对原有内容的单纯润色,而是突破性、根本性的改变,综合性的创造。在继承中有升华,在继承中有创新。创新具有变革性、高风险性、价值性、动态性、时机性、超前性。

(1)变革性

创新是指对现有的东西进行改造、创造,是一种深刻的变化。创新是一种具有创造力的思维方式,是一种具有创造性的实践活动。创新活动及其结果,是前人或他人没有认识到、没有实现或没有更好地运用的创造性劳动的结晶;甚至对于类似的行为及其成果来说,创新是指质的改善和提升,或者是更好地使用某物。创新者应该解放思想,开拓进取,敢于进行变革和革新,勇于运用创造性的思维,并从事创造性的实践活动。

(2)高风险性

创新活动的变革性也决定了其风险性。实践表明,企业创新是否能够获得成功,以及成功的高度,是所有人都无法准确预料到的,因此承担的风险高。总的来说,能够取得成果并取得预期成果的,通常是少数,或者说很少。如果创新不成功,那么在创新上的巨大投资就得不到回报,同时也会错失发展机遇,从而影响其在市场上的竞争力。在企业中,企业创新面临的风险包括市场风险、技术风险和组织文化风险。创新的市场风险主要表现在,很难掌握顾客的需求及其产品在市场中的份额,所以,创新的决策和最终的结果,很难确定它是否会被用户所接受,是否会受到市场的欢迎,是否会超过竞争对手。创新的技术风险是由于在研发、商业化过程中,企业不确定是否能够克服技术困难,以及是否能够克服高昂的成本,所以,在技术上是否能够获得成功,具有一定的不确定性。与此同时,创新也会带来组织架构上的风险,为了加强企业的凝聚力,每一家公司都有自己独特的组织文化,组织文化创新,可能会损害部分员工的利益,或是新的组织文化与公司的发展理念不符,这就可能导致组织文化创新的推进工作会遇到很多障碍,甚至可能会推行不下去。尽管创新是有风险的,但这并不意味着它就会比守旧承担的风险更大。因循守旧,固步自封,同样会导致企业萎缩,跟不上市场变化,甚至被时代大潮无情淘汰。要对创新的高风险性有清醒的认识,能够承担得起创新不成功带来的后果,在创新的过程中,尽量多采取有效措施降低创新成功的不确定性,是管理的创新职能所在。

(3)价值性

创新的价值是明显而具体的,其产生的经济效益和社会效益也是显而易见的。一次成功的创新,可以带来巨大的价值,也可以带来意想不到的结果。创新具有较高的风险,但也具有较高的价值,高价值与高风险并存,两者之间呈正相关关系。总体而言,创新获得的效率与经济、社会、生态价值远高于其投入与风险所造成的损失。

(4)动态性

这个世界无时无刻不在发展变化着,除了组织的外部环境和内部条件在持续的改变之外,组织的创新能力也需要持续地积累、不断地提升,对创新能力起决定性作用的创新因素也都在不断地进行着动态的调整。在企业之间的竞争中,企业的竞争优势会随着企业的创新而逐渐消失,这就要求我们持续地进行一次又一次的创新,从而持续地建立起企业的竞争优势。所以,创新是动态的,而非静态的。在不同的发展阶段,企业创新的内容、方式和水平各不相同。从总体上讲,在过去的一个阶段,低层次的创新必然会被下一个阶段的高层次的创新所取代。企业创新行为的持续开展、企业创新水平的提升,是企业发展的内在动力。

(5)时机性

创新的时机性,就是创新机遇总是在特定的时期出现的。只有正确认识客观存在的时机,把握住机遇,才能实现创新;反之,则会导致创新活动的失败。创新的时机性对创新者的要求较高,在做出创新决策的时候,创新者要以市场变化的发展趋势、社会科技技术水平以及专利信息情况为基础,来确定发展的方向,并对这个方向上的创新所处在的发展阶段进行正确的判断,从而找到一个合适的切入点,以便抢占先机,取得更多的创新成果。

(6)超前性

创新的灵魂是求新,是超越。这是一种立足于现实、实事求是的超前。顾客的喜好各不相同,而且总是在改变。乔布斯的成功就在于他具有先知先觉的创造力,他不仅着眼于顾客的眼前,而且着眼于顾客的将来,以一种不断发展的眼光去看待顾客的将来,并最终设计出满足顾客要求的产品。

4. 创业的主要挑战

创业活动所面对的主要挑战有:

(1)风险承担。创业活动充满着不确定与风险,市场的变化是难以捉摸的,企业的回报是不确定的,甚至是一点保障都没有。如果失败,那么很有可能会输得一干二净,甚至破产。

(2)责任和付出。在创业的过程中,必须不断地学习,才能独立地处理新的问题;要与顾客及社会各方面保持良好的关系;需要花费更多的时间和更多的精力去经营维护。在面临危险与困难的时候,我们不能后退,要勇于面对,主动寻找解决的办法。与在大公司或政府机构工作相比,创业者对于重大机会与宏伟目标的追逐,需要更多的责任感。

(3)财务问题。在创业过程中,没有固定的收入,也没有附加的收益,创业者要真正认识到自己的能力和财务状况,确保公司在一个良好的资产运营状态下,才能获得生存与发展,否则资金链一旦断裂,所有的努力将会前功尽弃。

5.创新创业与大学生职业发展

在经济全球化加速,知识经济时代来临的今天,创新与创业已成为时代的主题,并已成为经济发展的重要途径。众多研究表明,创新和创业是两个紧密联系在一起的实践活动。如何正确地把握与处理创新与创业的关系,搭建创新与创业的桥梁,是决定创业成功与否的关键,也是决定企业未来发展命运的关键。

创新和创业相互补充,不可分割。创新是创业的手段和基础,而创业是创新的载体。企业要想生存,要发展,必须不断地进行创新。在创业过程中,企业要在市场开发、产品制造、技术改造、商业模式、管理体制等多个层面上不断地探索与创新。同时,创业者需要跳出固定的思维模式,识别创业机会,只有不断变革,才能使企业立足和发展。

在"全民创新"的大背景下,新时期的大学生更要抓住机会。大学生创业有着自己独有的优势,他们身上洋溢着一股朝气蓬勃、充满激情的气息,还有一种"初生牛犊不怕虎"的精神,这些都是优秀创业者所应该具备的品质。在丰富的理论知识之下,不管是在高科技的创新领域,还是在文化服务领域,大学生都能够利用自己的所见所闻,完成自己的创业过程,"用智力换资本"成为大学生创业的特点,也是大学生创业的必由之路。虽然创业对大学生来说是很有挑战和难度的,但也要经常思考,用双眼去寻找新的创业之路。

(二)影响创新创业的因素

1.创新的要素

(1)创新主体

创新主体是指创新行为的参与者,它应具有创新意识、创新精神、创新目的、创新能力四个要素。创新意识是对创新内涵、价值、特征和规律的理解;创新精神是在创造性活动中,将创造性目标转变为创造性成果所体现出来的一种感情与意愿;创新目的的实现就是在创造性的活动中,由抽象到模糊,然后逐渐变得清楚的过程;创新能力指的是,在进行

第六章　创新创业视角下高等教育旅游专业应用型人才培养

创新的过程中,通过自由选择、反复试错和最终做出决策,从而取得新成果的能力,它包含了两种类型,一种是创新思维能力,另一种是创新实践能力。

(2)创新客体

创造客体包括三种形态:物质客体、问题客体、成果客体。创新客体的原始形态是物质对象;在对物质的认知与学习中,产生了待学习与解决的问题,创新客体便进入了问题对象形态;若问题得以解决,且取得了所要探讨的成果,则为创新客体之成果对象。

(3)创新手段

创新手段指的是所采用的设备、方法、途径和步骤,具体包含了诸如实验仪器设备、研究平台等的硬件条件,以及诸如价值观、团队意识、体制机制、政策等软件条件。结合主、客两种创新方式,应根据其目标而确定。

一些学者还从对创新活力或创新绩效的影响的角度,提出了创新态度、创新行为和创新结构三要素,具体包含了技术创新体系、知识创新体系、制度创新体系、科技中介服务体系和金融信息网络体系等。

2. 创业的要素

(1)创业者

创业者是处于创业过程中的个体或群体,他们是创业的主体,一般情况下,创业者是一个人创业。然而,在很多情况下,企业中的团队作用也很大,其成员所承担的职责也各不相同。创业者要承担个人金钱和名誉风险,在创业的整个过程中发挥着至关重要的推动和引领的作用,具体内容有:对商业机会的识别,对企业组织的创立、融资、产品创新、资源获取和有效配置及运用、市场开拓等。企业的成败,主要依赖于企业本身的质量及团队的经历。与创意、机会资源相比,创业者及其创业团队在创业过程中所扮演的角色更为关键。创意是否能够变成机会,机会是否能够被实现,其价值与资源是否能够被高效地使用,均依赖于创业者及其创业团队的质量与经验。

(2)商业机会

所谓商机,就是指目前服务于市场的企业留下的市场缺口。抓住机遇,就是创业者成功的最大动力。创业者常常要主动寻找和认识到商机,然后尝试着去把一些重大的东西做成一些目前还不太可能的东西。只要这个革新得到了市场的认可,创业者就能从中获利,从而产生价值。

机遇的三个特征是:可获得性、持续性和应时性。机遇的可利用性,是指机遇对创业者所拥有的价值,创业者能够通过机遇为别人和自己谋求利益,具体表现为购买者、最终使用者和增加价值的产品、服务以及赚取利润。机遇的持续性,就是指机遇总是有的,关键在于创业者是否能够找到,是否能够把握住。新的环境、新的经济结构、新的市场机制、新的信息不对称、新的市场空白,这些都为新的发展提供了巨大的机遇。机遇的适时性则意味着机遇稍纵即逝,若不及时把握,很有可能与之擦肩而过,因此,及时发现、识别并把握好机遇,是创业成功的首要步骤。

(3)组织

组织是一个对创业活动进行协调的体系,它是一个创业的载体,创业活动发生在一个组织之内,如果没有了组织,那么就不会有任何的组织问题,因此,就不能进行协同,也不能对创业的资源进行整合,更不能发挥创业者的领导能力。创业者组织的突出特点是具有强大的领导能力,虽然在很多方面还不够成熟,但这并不妨碍创业组织的成长,创业组织能够快速地接受新事物,并能快速地对改变做出响应,在这个过程中,能够不断地发展,不断地走向成熟。如今,人们从更广泛的角度来看待创新型组织,也就是以创业者为中心所建立起来的一种以他们为中心的联系网络,这个联系网络不但包含了正式创新企业内部的人员,还包含了诸如顾客、供应商和投资者等外部的人员和组织,这个延伸出来的组织理念对于确定和维持组织的组织形式、确定和维持其竞争地位具有更大的帮助。

(4)资源

所谓资源,就是指在一个企业内部,由人力、财力和物力所构成的各类投入。资源既包含了有形资产,也包含了诸如品牌、专利、企业声誉等的无形资产,它们都是资本,而企业的一个重要功能就是将资本聚集起来,并把资本转换成市场需求的商品或服务,从而使企业获得更大的利润。在此基础上,对公司内部和外部的资源进行有效的整合,并对资源进行有效的整合。创业者创造的资源属于一个输入输出的体系,也就是输入资源和输出产品和服务,而创业的过程就是一个持续地对这些人进行投资,并持续地为他们提供产品和服务的过程。在创业早期,企业家所掌握的资源十分有限,因此,他们追求的是对资源的掌控,而非对资源的占有,他们更倾向于租赁资源,比如,寻找并合理地使用外部资源,包括律师、注册会计师、银行家、管理咨询专家、外部董事等,而不是自己拥有。借助外力,能够节约资金,加速公司的成长期,提升公司的成长速度。有些企业家总想把全部资源都占为己有,这不但增加了创业的困难与费用,还使创业的成功率大大下降,以至于等到万事俱备,却已失去了最佳的创业机会。

创业过程是一个由创业者、机遇、组织、资源等要素相互作用和相互匹配而产生的一个动态过程。创业的目标就是创造价值,虽然创业者创业的个人动机各不相同,但他们的目标主要是创造价值,将商业机会转化为社会所需的产品和服务。从创业角度来看,创业机会、创业团队和创业资本是影响大学生创业成败的主要因素。对于大学生而言,创业过程包括创业动机的产生—创业机会的识别—有效资源的整合—新企业的创建—机会价值的实现—创业收益的获取。在创业的早期,生成创业的动力,并寻找到创业的机遇,接着完成建立团队和寻求融资等环节,就是在这个过程当中,完成了机遇的实现,并获得了创业的回报。

在大学生创业过程中,首先要面临的问题就是如何防范创业风险,而这些风险的来源有五个,分别是:由于项目选择不当而产生的风险,由于缺少创业技术而产生的危险,由于资金来源太过单一而产生了危险,由于社会资源不足而导致的危险,因为不懂得运营和管理而引起的危险。

二、创新创业教育培养旅游专业应用型人才的重要性

(一)有利于深化教育教学改革

随着第三产业的迅速发展,旅游业成为当前的主流产业,旅游管理专业在此背景下应运而生。但是,长期以来旅游专业的人才培养与旅游业的人才需求一直处于供需不平衡的状态。因此,旅游管理专业教学在课程设置和人才培养模式上要求学生掌握创新创业基本知识,识别创新创业机遇,具备创新创业能力,成为旅游企业需要的综合型人才。在旅游管理专业的教育中融入创新创业教育,建立旅游管理学生创新创业人才培养模式、课程体系、师资队伍,有利于解决旅游管理专业在人才培养过程中存在的不足,深化旅游管理专业学生的教育教学改革。

(二)有利于促进专业人才培养

旅游管理专业旨在为国家培养高级应用型旅游管理专业人才,以解决旅游业日益发展与旅游专业人才短缺的矛盾。为培养学生的创新创业能力,要求学生在校学习理论知识,并与企业对接进行实习,不断提升专业能力。学校将旅游景区、度假酒店等作为实习单位,将理论转化为实践,树立正确的旅游职业道德观念。在培养期间,学校和教师可以有针对性地对学生创新创业能力进行指导,达到提升学生创新创业能力的目标。学校"理论学习 + 专业实践"的培养模式使得旅游管理专业学生具有创新创业能力和较强的综合能力,达到现代旅游业高端专业人才的标准。

(三)有利于拓宽学生的就业渠道

就业是民生之本,和谐之基,社会发展的动力。学生就业创业工作,一直是社会关注的重要民生问题。旅游管理专业强调创新创业教育的重要性,致力于培养具有创新创业能力的旅游专业人才,提高学生的专业对口就业率。学生的创新创业能力不仅是推动旅游行业发展的不竭动力,也是开发旅游新产品的活力源泉。因此,学生创新创业能力的培养有利于拓宽就业渠道,解决就业难题,增加旅游人才市场供给。

第二节 "创新创业 +"人才培养模式构建

一、"创新创业 +"人才培养模式的内涵

"创新创业 +"代表一种新的人才培养模式,是适应我国经济新常态下的一种教育模式改革的发展导向,是将创新创业理念深度融入传统的人才培养模式中的一种优化和更新。"创新创业"作为核心概念,其内

涵是在创造、创新、创业、创优合一的教育、观念和教育思想指导下,以构建培养创新创业人才为指向的现代高等教育模式为目的,为培养学生的创新精神和实践能力,按照创新创业教育的培养目标和人才规格,以提高学生创业基本素质、培养创业意识,形成创业能力、实现人生价值的高素质人才培养体系。

"+"作为模式外延,即将创新创业与高等教育中各类专业的人才培养及专业建设相结合,以创新创业教育为导向,改革传统的专业人才培养模式,提升专业建设质量,以适应我国经济新常态下对人才培养的需求。

二、"创新创业+"人才培养模式的要素

"创新创业+"人才培养模式的要素包括创新创业人才培养理念与培养目标、创业专业设置、创业课程、创业教学方法、创业导师、创业项目、创业教育保障体系、创业教学组织管理机制等。

(一)创新创业人才培养理念与培养目标

创新创业人才培养理念是高等学校教学管理者、教师等创业教学相关者对创新创业人才培养的主体、客体、目标、原则、功能、规格、定位、途径、方式、任务等的看法与态度。创新创业人才培养目标是指创业教育所要实现的目的,通过创新创业人才所具备的创业素质、创业意识等表现出来。

(二)创业类专业设置

创业类专业设置主要解决"是否创业类专业""如何设置创业类专业"等问题,涉及专业设置的口径与方向、专业范围、专业名称、所属门类、学位授予门类、培养规格、学制年限等内容。

(三)创业课程体系

创业课程体系是指创业课程安排结构、形式及其内在关系,涉及创

业类课程类别、数量、学分与课时设置、学期分布、理论与实践教学分配、课程衔接等因素。

（四）创业教学方法

创业教学方法是创新创业人才培养过程中所采取的方式、手段、技术、措施，是实现创业教学目标的途径，是将创新创业人才培养理念融入创业课程教学过程中的工具。

（五）创业导师

创业导师是引导、支持和帮助大学生创业的校内专职教师以及校外具有创业经历、企业管理实践或创业管理专业知识的兼职人员。

（六）创业项目

创业项目是由高校、政府、非营利组织、企业等资助的，由大学生自主挖掘、设计、研发的，具有一定商业发展潜力和市场推广价值的商业计划、产品或技术成果。大学生创业项目的来源主要包括实验及研究成果、创业计划大赛，同时还可从市场机会中发现创业项目。

（七）创业教育保障机制

创业教育保障机制是确保创新创业人才培养模式顺利实施、提高创新创业人才培养质量的基础性条件，涉及创业扶持机构、创业教育资金筹集渠道、创业支持政策与法规、创业教学基地等。

（八）创业教学组织管理机制

创业教学组织管理机制是高等学校所采取的旨在规范创业教学管理程序、提升创新创业人才培养质量和效果的规章制度和运行机制，包括日常教学管理制度、学分制、学生选拔与分流机制、招生与就业机制、考试与考核机制、教学效果评价机制、奖惩机制等。

三、"创新创业+"人才培养模式构建

(一)国外有关人才培养模式的研究

1. 德国的"双元制"模式

德国双元制人才培养模式是德国职业教育的核心。所谓双元,是指职业培训要求参加培训的人员必须经过两个场所的培训。一元是指职业学校,其主要职能是传授与职业有关的专业知识;另一元是企业或公共事业单位等校外实训场所,其主要职能是让学生在企业里接受职业技能方面的专业培训。

德国双元制人才培养模式是企业(通常是私营的)与非全日制职业学校(通常是公立的)合作进行的职业教育模式。接受双元制的学生在学习过程中,学制一般为三年。

第一学年主要进行职业基础教育,集中学习文化课和职业基础课,学生要从职业类别中(以经济、技术、社会工作或服务三个领域为主)选择并确定学习内容。第二学年转入所选定的职业领域进行专业实践训练。第三学年则向特定职业(专业)深化。这是一种将企业与学校、理论知识和实践技能结合起来,以培养既具有较强操作技能又具有所需专业理论知识和一些普通文化知识的技术工作者为目标的教育。德国双元制模式的本质在于,向年轻人提供职业培训,使其掌握职业能力,而不是简单地提供岗位培训;不仅注重基本从业能力、社会能力的培养,而且特别强调综合职业能力的培养,更加注重综合职业能力的培养。

德国双元制被看作是当今世界职业教育的一个典范。作为德国职业教育的主体,它为德国经济的发展培养了大批高素质的专业技术工人,被人们称为第二次世界大战后德国经济腾飞的秘密武器。

2. 澳大利亚的 TAFE 人才培养模式

TAFE(Technical and further education)是技术与继续教育的简称,

产生于20世纪70年代,泛指职业教育的培训和办学单位,是澳大利亚一种独特的职业教育培训体系。TAFE由澳大利亚联邦政府和各个州政府共同投资兴建并进行管理,由澳大利亚联邦政府和所在州政府共同承担办学所需经费,其中75%由州政府承担、25%由联邦政府承担。毕业后100%就业是TAFE学院的教育理念和最终目标,形成了一种在国家框架体系下以产业为推动力量的,政府、行业与学校相结合的,以客户(学生)为中心进行灵活办学的,与中学和大学进行有效衔接的,相对独立、多层次的综合性职业教育培训体系。[①]

该模式受北美和英国职业教育的影响,强调能力本位和资格证书,澳大利亚国家培训局制定全国统一的TAFE标准,推行国家能力标准体系,TAFE每年提供上百种课程,这些课程以就业市场为导向,不只是理论的学习,更注重实践操作技能,使学生一毕业就能上岗就业。澳大利亚的TAFE模式是建立在终身教育理念基础上的技术与继续教育,作为澳大利亚职业与培训体系的重要组成部分,表现出了前所未有的活力,得到了世界各国越来越多的关注

3. 美国、加拿大的CBE模式

以美国、加拿大为代表的能力本位教育培养模式(Competency Based Education, CBE),产生于第二次世界大战后。能力本位教育中的"能力"是指一种综合的职业能力,它包括四个方面:与本职相关的知识、态度、经验(活动的领域)、反馈(评价评估的领域)。四方面均达到可构成一种"专项能力",这个专项能力以一个学习模块的形式表现出来。若干专项能力又构成了一项"综合能力",若干综合能力又构成某种职业能力。其核心是强调对受教育者的能力训练,以职业岗位的实际需求为出发点,合理制定受教育者的能力目标,再由能力目标服从具体岗位来设置相应的课程体系,最后利用能力分析表来评估人才培养的质量水平。

美国、加拿大的CBE模式强调以能力作为教学的基础,而不是以学历或学术知识体系为基础,对入学学员原有经验所获得的能力经考核后予以承认;强调严格的科学管理,灵活多样的办学形式。

---

① 叶冠群,陈利权.澳大利亚TAFE人才培养模式的经验与体会[J].课程教育研究,2014(19):44-45.

4. 日本的产学官模式

日本的产学官人才培养模式是指在政府支持指导下推进高校与企业进行深层次合作的模式。具体表现在日本政府通过制定政策法规，提供资金支持等方式进行引导、扶持和干预；企业通过投资项目、接受实习生、参与学校的人才培养过程等方式与高等教育机构建立密切的校企合作关系；高等教育机构则为企业培养服务于一线的大批量的适应经济发展的应用型专业人才。

近藤将日本产学官合作模式划分为知识的共同创造、知识的转移、基于知识的创业三种类型。其中知识的共同创造模式包括共同研究、委托研究、奖学捐助金；知识转移模式包括专利交易、技术研修、技术谈判、技术咨询、研究员的聘用；基于知识创业的模式包括大学的衍生企业、创业型大学产学官合作模式，为日本产业界培养和输送了大量企业急需的熟练技术工人，建立适应社会发展需要的人才培养体制，使科研成果迅速转化为生产力。

（二）国内有关人才培养模式的研究

关于人才培养模式的内涵，至今尚无公认的精准表述。目前有一种侧重从总体上把握，认为人才培养模式是在一定的思想和教育理论指导下，为实现培养目标而采取的教育教学组织方式和运行方式，它是关于人才培养过程质态的总体性表述，即对人才培养过程的一种设计、构建和管理，在人才培养中起着统帅作用。

现阶段，关于"人才培养模式"的定义主要有以下几种表述：

过程说：李志义在《谈高水平大学如何构建本科培养模式》中指出，人才培养模式是人才素质要求和培养目标实施的综合过程和实践过程。也有人认为人才培养模式是在一定的教育观念、教育思想指导下，按照特定的培养目标和人才规格，以相对稳定的教学内容和课程体系、管理制度和评估方式实施人才教育的过程的总和。

方式说：杨杏芳在《论我国高等教育人才培养模式的多样化》中指出，人才培养模式指在一定的教育思想和教育理论指导下，为实现培养目标而采取的教育教学活动的组织样式和运行方式。也有人认为人才培养模式是学校为学生构建的知识、能力、素质结构,以及实现这种结构的方式,它从根本上规定了人才特征并集中地体现了教育思想和教育观念。

方案说:杨峻等在《面向21世纪我国高等教育培养模式转变刍议》中指出,人才培养模式是在一定的教育教学思想、观念的指导下,为实现一定的培养目标,构成人才培养系统诸要素之间的组合方式及其运作流程的范式,是可供教师和教学管理人员在教学活动中借以进行操作的既简约又完整的实施方案,是为实现一定的培养目标而采取的教育方案和教育方式。

机制说:阴天榜在《论培养模式》中指出,人才培养模式是指在一定的教育思想、教育理论和教育方针的指导下,各级各类教育机构根据不同的教育任务,为实现培养目标而采取的组织形式及执行机制。

从我国高等职业教育人才培养模式的发展历史来看,真正严格意义上的高等职业教育开始于20世纪80年代,这也是我国现代高等职业教育的孕育与发展时期。进入20世纪90年代中期,在大量吸收和借鉴国外先进的理论和经验基础之上,我国高等职业教育理论探讨和实践探索不断取得新的进展,体现了比较系统的有关培养模式的各种理论,逐步形成了一套相对成熟的人才培养模式:产学研结合人才培养模式、订单式人才培养模式、以就业为导向的人才培养模式、双证书制人才培养模式。

虽然当前国内外关于高校人才培养改革问题的论著不少,但从总体上看,存在着以下弊端:第一,研究重点主要集中在对人才的理论、现状、教育内容、教育方法等研究上,而对大学生的情感培养、创新创业教育则较少关注;第二,对人才培养途径和方法的可操作性等方面的研究,还鲜有人涉及;第三,对职业院校、民办高校的人才培养的研究成果比较缺乏。总体看来,单一视角的多,系统研究的少;问题、矛盾提出的多,对策措施提出的少,特别是能系统地上升到政策层面的建议措施更少。

第三节 高等教育旅游专业应用型人才创新创业培养具体措施

一、将创新能力的培养纳入教学目标

在落实旅游教学改革实践工作之前,高校旅游专业教师需要树立正确的教学目标,明确大学旅游课程改革的实质要求,严格按照教学目标的限制条件,以培养学生的旅游综合应用能力为依据,鼓励学生在主动参与和实践的过程中养成良好的自主实践意识,不断提高个人的自主学习能力和综合素养。另外,不同教学目标所涉及的内容有所区别,国家教育部提出的教育目标以学生为主体,以提高学生的旅游综合应用能力为最终的原则,旅游专业教师需要结合这一教学目标的具体要求,积极地分析社会对人才的实际需求和新的标准,不断地对现有的大学旅游教学改革目标进行相应的调整和补充。作为高校教育之中的必修课,大学旅游的人文属性比较明显,在提高学生语言技能时旅游专业教师需要结合这一基本要求的具体情况,以培养学生独立思考能力和批判性思维为依据,鼓励和引导学生在这段时间的过程中树立正确的文化自信心,积极地参与不同的实践工作和创新工作。

二、结合学校特色优化教学内容

教学内容的设置和安排对旅游专业教师提出了较高的要求,不同学校学生的学习质量、发展方向有所区别,在此基础之上所提出的教学策略和教学定位差异较大,学校需要结合自身的教育特色和人才发展战略目标,明确旅游课程的相关要求和具体的实践标准,深入分析旅游这一门必修课落实的现实条件,结合学校的教学特色不断实现教学内容的优化和升级,体现学校的特色,保障学生选择的教学内容能够符合学校的旅游教学大纲,更好地体现教学的针对性和有效性。从目前来看,有一部分高校直接以国家级规划教材为主体参照,没有对学生的学习能力和

学校的教育情况进行分析，最终导致实际的教学质量不容乐观。对此课程需要结合本校情况编制校本课程，充分考虑学生的发展特色以及未来发展方向，关注学生人文素质和学科综合能力的培养和提升。

三、改进教学和考核方法

作为教育教学实践之中的重要组成部分，教学及教学考核方法会直接影响最终的教学质量。首先，教师需要根据学生创新能力培养的具体条件，积极地将各种创造性的教学策略和教学手段融入主题教学环境中，将创意设计大赛、演讲比赛和辩论比赛与旅游教学实践相结合，鼓励学生进行思维创新。其次，旅游专业教师需要减少期末考试在总体旅游考核之中的相关比重，注重对学生创新能力和课堂参与态度的考核，将此作为重要的考核指标，以此来提高学生的创新能力和创新精神。

四、转变教育教学及人才培养理念

目前创新创业背景下，为能够使人才培养模式更好地符合实际需求，旅游专业教师应当将创新创业教育理念深度融入旅游教学改革中，对于创新创业教育主体责任，应当实现进一步有效落实，构建创新创业教师队伍，由这些教师对实际教学全面系统负责，并加强重视，从而使创新创业教育开展能够得以更好实现。在此基础上，通过对传统单一培养模式实现转变，使改革后的人才培养模式能够更好地符合所需。与此同时，在充分重视创新创业教育的基础上，还需要加大投入力度及资金支持，保障开展教育教学中所需的硬件与软件设施，从而使创新创业人才培养具有更理想的基础支持，使旅游专业人才培养能够取得更加理想的效果。

五、建设创新创业课程体系

创新创业理念不断深入的大背景下，在高校旅游专业教育教学过程中，对于人才培养课程体系应当合理进行调整，通过建立完善的课程体系，使人才培养课程体系更加具有多元化特点，并充分体现高等教育在人才培养过程中对于学生创新创业能力所赋予的重视。在实际教学中，应当设立不同课程形式及教学方式，使高校旅游教学的整个阶段均能够纳入创新创业教育要素，通过对课程体系进行整合优化，使旅游专业课程及创新创业课程之间能够实现有效深入融合，从而使课程体系直接对接人才培养目标，在此基础上才能保证人才培养模式实现真正转变，为更好地培养满足社会需求的人才奠定更好的基础与支持。具体而言，在大一与大二年级，可设置创新创业理论基础课程，使学生了解创新创业相关政策，实现基础阶段学生创新创业精神的灌输与培养。在大三与大四年级，可设置专业实践课程，并且与专业技能教学实现有效结合，在实际旅游教学中融入真实的教学案例，促使课程教学体系能够与学生发展需求相符合，从而保证旅游教学及旅游人才培养能够取得理想化效果，促使学生获得全面发展。

六、构建基于产教融合的"旅游＋专业"模式

随着经济全球化，新兴产业蓬勃发展，岗位人才需求提出更高标准，以往教育培养的人才已经不能满足经济发展的需要。2017年12月国务院办公厅印发《关于深化产教融合的若干意见》，提出要推动高校人才培养面向产业需求的创新创业型转变，这为高校深化改革人才培养模式提供了理论指导与制度保障。产教融合指企业、产业等不再独善其身，积极参与到高校创业创新人才的培养过程中，解决产业用人需求与学校培养人才质量规格不符之间的矛盾。在这个大众创业万众创新的新时代，创新创业不再是一个口号，高校作为高素质人才的输出口，必须立足实践，培养具有创新精神、批判意识、实践能力的国际化专业人才。习近平总书记强调："创新是社会进步的灵魂，创业是推动经济社会发展、改善民生的重要途径。青年学生富有想象力和创造力，是创新创业的有生力量。"随着经济全球化的不断深入，培养具有国际化视野的创新创业人才对中华民族的伟大复兴具有举足轻重的作用。如何拥有国际化视野，旅游学习必不可少。在产教融合的大背景下，促进创新创业教育与专业教育融合的同时，旅游和专业教育也应并驾齐驱。就高校而言，要转变人才培养模式，根据区域产业实际需求使人才培养由学科驱动转变为产业需求驱动，促使学校、企业、政府和社会团体各个组织深度融合，实现人才培养的内涵式发展。

（一）产教融合背景下"旅游+专业"模式存在的问题

随着教育理念的革新和一系列国家政策的推进,转变人才培养模式、实现人力资源供给侧结构性改革已成为多数院校的共识。但是审视各专业的创新创业人才培养现状,仍存在不少弊病,严重制约着人才培养的质量,如不彻底改进,创新创业教育将会陷入泥潭。

1. 课程设置不合理,创新创业教育与专业教育分离

产教融合强调学以致用,专业知识与实际生产完美契合。目前,专业课程仍以理论性、讲授型课程为主,与产教融合所提倡的动手能力、实际操作能力还是有所出入。同时,创新创业教育仍存在与专业课程脱节的现象,只是毕业前的临门一脚。真正的创新创业教育必须渗透到专业课程之中,而非将两者强硬地组装到一起,要在理论指导下实践,在实践基础上巩固理论。

2. 教学模式陈旧,缺乏现代信息技术的融入

现如今,科学技术蓬勃发展,人类社会进入一个新的生命周期,大数据、5G、AI技术渗入生活的方方面面。目前,很多的创新创业教育仍以旅游专业教师讲授为主,与现代信息技术结合甚少,仅仅局限于课上几节课,效果并不明显。课程内容也多是纸上谈兵,缺乏实践操练。

3. 校、企、政力量分散

国务院办公厅印发的《关于深化产教融合的若干意见》指出,要深化"引企入教"改革,支持引导企业深度参与职业学校、高等学校教育教学改革。创新型人才的培养决定着社会政治经济发展的走向,学校、企业和政府的合力才能实现资源的整合和优化。近些年,国家和地方政府相继出台了一些旨在鼓励、指导大学生自主创业的政策,但这些鼓励政策大多缺乏操作层面的实施细则。如何促使高校与企业、社会之间的各种资源,如技术资源、人力资源、硬件资源、市场资源、财力资源等充分

第六章　创新创业视角下高等教育旅游专业应用型人才培养

融通,实现产业链、技术链、创新链和人才链的紧密结合的创新创业新模式仍有待发掘。很多大学生毕业即失业的现象也是层出不穷,所学专业知识与社会需求明显脱钩。学生专业课过关、实操能力不过关而失去工作机会的案例也是比比皆是。当代社会,产教融合也在探索阶段,实际教学中难免出现产教分离的现象,企业产业走进大学参与课程建设和人才培养方面还不够完善。

(二)产教融合视阈下,"旅游+专业"模式路径分析

新经济模式下的创新创业人才培养是建立在通识教育、专业教育及创新创业教育深度融合基础之上的全过程全方位育人。

1. 促使"旅游+专业",创新创业教育与专业教育融合

旅游+专业的融合并不是简单的叠加,专业教育是人才培养的基本途径,"旅游+专业",创新创业教育是人才培养的延伸途径。学生必须在创新创业教育中巩固专业教育,在专业教育中融入旅游学习,目的是在教育的过程中培养学生的批判思维,启发学生的创新思维,提高创新创业能力,为经济发展培养高素质国际化人才。高校在教育目标培养人才的质量规格上要融入创新创业教育,将创新精神、创业能力和实践能力作为考评标准。开发多元课程体系,抛弃以往照本宣科,按部就班地讲解记忆,融入更多先进的创新创业理论、成果、案例和技术、实践等内容,拓宽学生的视野和动手操作能力。还要注重教学方式融合。比如,丰富实践教学方法,支持学生以科技创新成果、创业项目等形式申请学分。教学方法要坚持分层教学,因人而异。针对低年级学生创新创业意识比较淡薄的情况,应采用集体教学方式,在专业课程学习过程中渗入创新创业教育的基础知识,理论成果和典型案例,课程内容应生动活泼,易于激发学生创新创业学习积极性,并开展创新创业实践活动。综合运用国内外多种教学方法,如情境教学法、案例教学法、情感陶冶法,结合建构主义教学理论,以学生已有的知识经验作为新知识的生长点,为学生提供一个完整、真实的问题情境,增加学生之间的互动交流合作,亲身体验达到创新创业的目的。针对高年级学生已经初步具有创新创业意识的前提下,对其的创新创业教育应采取专项定制的策略,即因

材施教。因为每个学生智能结构、认知水平、兴趣爱好、性格特征、擅长领域都不一样,对其进行整体教学就磨灭了个性,没有办法让其创新精神得到充分施展。所以在实际教学中,在产教融合引领下,根据社会、企业、行业、政府、学校对人才的实际需求设定具体的多样的创新创业项目,学生自主选择适合自己的项目亲身参与,项目与企业直接对接,学生完成实习创新任务后给予相应的创新学分,对在创新实习中有突出表现的学生学校给予表彰。

2. 构建创新创业教育生态圈

创新创业教育不是一条生产线,而是一个类似于自然生态圈的循环系统,创新创业教育生态圈是要引导学生以创新创业为核心,通过在相互影响的主体间建立有效的运行和保障机制,从而形成相互促进,共同发展的有机统一体,形成教育与各方的良性循环。构建双创教育生态圈首先要稳固各方的联系,政府、企业、高校和其他社会组织应该形成一个你中有我、我中有你,互利共赢的关系,缺少任何一环,整个生态圈就会瓦解。所以,必须建立稳定的运行机制,确保双创生态圈的有效运转。政府要出台协同育人的政策并监督保障政策的实施,提供资金支持和技术指导,做好牵头保障和监管作用;企业与高校要签订协同育人协议,通过合作办学、实习训练、横向纵向项目参与、开办合伙公司、建立联合实验室等方式加强两者联系,同时邀请其他社会组织积极参与其中,实现政策资源、教育资源、科技资源、社会服务资源、人才资源的合作共享,从而建立"产业协同+'双创'教育+定向孵化+政策指引+社会服务"一体化的人才培养体系。此外,针对创新项目的实施,要建立全方位立体化的专业评价体系。基于市场导向和项目导向,创新创业项目不能局限于纸上谈兵,根据不同年级设置不同类型的创新创业训练项目,对积极参与项目训练的大学生进行有针对地强化训练与指导,确保项目成果落地转化。激发学生的创新精神,提高创新创业能力,在企业外部需要建构以政府、企业、高校、社会等多类主体为核心的立体化评价体系。

第六章　创新创业视角下高等教育旅游专业应用型人才培养

3. 开发多元化课程体系,与信息技术充分融合

创新创业课程设置要充分与专业课程和信息技术相结合,同时要紧跟市场需求的变化,设置灵活的增删程序,确保创新创业课程符合市场对人才的需求,从而推动经济发展。首先,要紧紧跟随"互联网+"的浪潮,课程中要融入大数据、VR、AR等能培养学生创新意识、提高学生兴趣、提升创新创业教育效果的高级信息技术,改变单一的课堂授课模式,增加翻转课堂、云课程、公开课、慕课等多种形式,设置与项目匹配的"专业课程""拓展课程""模拟课程""实践操作""反思模块"五大课程知识模块。此外,构建多元主体共同参与的跨学科创新创业教育体系。要借助信息技术将与教学和管理息息相关的不同院系和行政管理部门融入进来。鼓励不同院系各个专业的学生相互交流,找到学科的共通之处并向外拓展,培养学生的发散性思维和整体性思维,找到创新点。同时行政管理部门也应积极投身创新教育教学中,结合不同行政部门、社会组织与企业行业的力量,破除行政与教学分离的桎梏,为学生的创新创业教育扫清障碍。还要将旅游教学贯穿始终,通过信息技术,将旅游教学与多学科和创新创业教育进一步融合,开发多学科旅游学习软件,线上线下相结合,构建跨学科创新创业教育人才培养新模式。

4. 打造创新创业教育实习基地平台,实现高校、社会、企业资源的整合

《教育部关于大力推进高等学校创新创业教育和大学生自主创业工作的意见》强调,各高等学校要通过举办创新创业大赛和创业专题讲座或论坛、模拟实训等多种方式,开展创新创业实践教育活动,使学生获得更丰富的创新创业知识,并能有更多的机会在创新创业实践中去体验,从而达到创新精神和创业能力获得提升的目的。双创实习基地平台的建设需要社会、政府、院校多方主体的共同参与。政府要发挥宏观调控的作用,为企业和高校的创新创业教育牵线搭桥,整合社会资源,为创新创业教育保驾护航。企业和高校应携手开展一系列创业竞赛、创业孵化、项目实践等创新创业实训活动;建设以产业园、高新技术开发区、大学城为依托的创新创业教育实践基地,共享大型科研设备,科研实验室,共建创新创业孵化基地,科技研发平台,产学研研究所,技能实训场馆。各种平台建设的目的是促进校企深度合作,整合社会资源,加快区域经济的快速发展,为区域经济发展培养高素质专项人才。着重建设创新创业教育成果转换平台,成果是否转换成生产力是检验创新创业教育成功与否的关键。只有将成果转换出来,真正服务于社会,创新创业教育才是有意义的。搭建双创成果转换平台是实现科技创新,加快产业升级换代,提升科技转化效率的关键。双创成果转换平台不应局限于孵化器、众创空间建设等方面,无论是外观创新、科技创新、产品创新、创业模式创新,都要找到具体资源使其转化成实际产品和服务,直接参与市场竞争来检验创新创业教育的成果。创新创业教育不是纸上谈兵,而是实践与理论的完美结合,并最终服务于区域经济的发展。随着产教融合的发展,创新创业教育的转换平台也应更加丰富,其中涉及的资源浪费,资金不足,转化困难,成果失败问题也不容忽视,需要政府和社会的大力支持。

5. 师资建设方面借鉴德国双元制,建立"三层网络"旅游专业教师队伍

德国双元制是促进学生在学校所学的理论知识与企业中所受的实践锻炼紧密结合从而培养高素质专业人才,与产教融合的理念不约而同。旅游专业教师队伍建设是确保创新创业教育成功与否的关键,只有过硬的师资队伍才能培养出来合格的具有创造力的学生。在师资队伍建设方面,要结合双元制,加大企业的参与力度,引企入校,不断强化校企合作,实现校中厂、厂中校。

首先,创新创业教育的教师素质需要制定严格的考核标准。作为现代化高素质人才的领军者,教师专业能力必然要过关,同时旅游水平也需要达到专业标准。只有这样才能将旅游自然融入专业教学中,从而培养出具有国际化视野的专业人才。

其次,要建立"三层网络"的教师队伍格局。具体来讲,校内原有的优秀专业教师和研究人员组成一层网络,鼓励跨专业沟通和交流,给学生传授创新创业教育的基础知识;校内选拔顶尖优秀教师与兄弟院校组成精英教师队伍构成二层网络,指导学生创新创业想法的确立并引导其具体展开;邀请科技研发一线的企业家、职业经理人、工程师及创业者作为三层网络。尤其要重视第三方网络的师资引入,为学生提供创新

创业实战经验和操作方法，将天马行空的想象拉回现实。根据项目要求和进展情况，为学生自动匹配师资架构。

最后，要完善教师评价制度，重视对创新创业教师的培养和激励。通过主题研讨、专题报告、国内外进修等途径，加强教师综合职业素养和教学能力培养，提高教师基于工作过程的教学设计和实施能力。

第七章 国际化视野下的旅游高等教育应用型人才培养

国际化的旅游应用型人才是指国际化意识和胸怀以及国际一流的知识结构,视野和能力达到国际化水准,在全球化竞争中善于把握机遇和争取主动的高层次人才,是能将旅游专业知识理论和技术应用到实际的生产、生活中的技能型人才。人才是旅游业发展的第一资源,建设世界旅游强国必须加强国际旅游人才培养。当前,我国国际旅游人才总量不足,特别是应用型国际旅游人才稀缺,不能满足国际旅游业快速发展需要。提高应用型国际旅游人才培养质量,对我国加速发展国际旅游事业、加快建设世界旅游强国具有重要意义。

第一节 经济全球化背景下的世界旅游业

全球化发展背景下,国际竞争加剧、劳动力市场的日益开放和国际化旅游企业管理人才需求的现状,要求开展高等旅游教育的院校必须适时调整专业人才培养目标、模式,拓展国际交流与合作,走旅游职业教育国际化的发展之路。

第七章　国际化视野下的旅游高等教育应用型人才培养

一、旅游全球化背景

（一）旅游业全球化

随着国际分工逐渐深入和细化，全球化朝着更加多元的方向发展，不仅涉及经济、政治、文化，人们的生活方式也在此影响下发生急剧的变化。

国际旅游已成为世界经济发展势头最强劲的产业之一。可见，在全球化的推动下，旅游全球化势不可挡，旅游业开始从单一的封闭式发展转向多元的开放式发展，国与国之间的地域限制被打破。这意味着国外的旅游企业将源源不断地进驻到我国旅游市场，国内的旅游业将面临前所未有的激烈竞争，"闭关"发展模式在这个全球化的时代已经不再适用。在新形势下，旅游业对于人才素质的要求已经发生了很大的变化，从以前简单的技能型人才向复合型的国际型人才转变。要培养高素质的旅游人才关键在于高等旅游教育，高等旅游教育将迎来前所未有的挑战。

（二）旅游标准全球化

旅游标准化是通过对旅游业相关标准的制定和实施，以及对标准化原则和方法的运用，来达到旅游业范围内的最佳秩序，进而使旅游者获得优质旅游产品的过程。旅游标准化工作是促进旅游业科学发展的重要技术支撑，也是提高旅游服务质量、规范旅游市场秩序、增强产业竞争力、加强行业监督管理和提升旅游公共服务水平的重要手段。同时，旅游标准化工作能够提高旅游业的效益，对旅游业的发展具有重大的意义。

从全球来看，许多国家都把标准化作为产业发展的重要战略。随着世界范围内产业结构的调整，第三产业标准化已日益成为国际标准化工作的重要领域，而旅游标准化是其中非常重要的组成部分。标准化是旅游产业做大做强的重要技术支撑和保障，旅游业发展离不开标准化，高等旅游教育的发展也离不开旅游行业标准，高等旅游教育的科学发展不能脱离旅游标准化的指导,必须与旅游标准化接轨,同样旅游标准化工作也离不开旅游理论的支撑。因此,旅游标准化与高等旅游教育是相互促进、相辅相成的关系。旅游院校(专业)人才培养模式的制定应该基于旅游行业标准,不能"闭门造车"、自行其是,脱离了旅游行业标准,必然无法适应旅游行业的需求、无法有效支撑旅游行业的科学发展;脱离了旅游行业标准,高等旅游教育也无法实现科学发展。

(三)旅游经济的全球化

随着世界经济一体化,特别是信息、金融、贸易、交通等的全球化,使得世界各地的联系越来越便捷,越来越紧密。在世界经济全球化的过程中,社会消费观念也发生了革命性的变化。在生活的基本资料得到满足之后,人们自然而然地开始追求心理和精神上的需要,而旅游活动和消费就可以满足这种社会需求。经济越发达,旅游越兴旺。读万卷书,行万里路,旅游全球化扩大了人类的视野。因此,旅游业全球化发展的一个必然态势就是旅游人数持续增长,旅游产业持续扩大。

(四)旅游人才全球化

人才全球化是指人才不再局限于一个地区或国家的范围内,而是超越国家的范畴,在全球范围内开发、配置,即人力资源的开发、利用呈现全球化的格局。人才全球化包括人才构成的全球化、人才流动的全球化、人才素质的全球化、人才教育培训的全球化以及人才评价与人才政策法规的全球化等方面。随着全球化的发展和新技术的应用,以资源、资金等硬条件为基础的旅游业将会更加重视服务、创新等软环境的作用,相应地对旅游人才的要求将会进一步地提高。企业的竞争、行业的竞争乃至国家的竞争,其成败取决于人才,这一观念已经深入人心,人才全球化的趋势愈演愈烈,旅游业也概莫能外。

二、经济全球化对世界旅游业的影响

随着世界经济的发展和人们生活水平的提高,旅游已经成为人们休闲度假、社会交往、审美娱乐的主要方式之一。旅游不再是纯粹的经

第七章　国际化视野下的旅游高等教育应用型人才培养

济活动,而成为现代社会一种重要的社会现象,它包括了人员往来、商务贸易、政治活动、文化交流、体育比赛、学术会议等多方面多层次的内容,是一种涉及经济、政治、文化、科技、宗教等各个方面的社会活动。显而易见,旅游作为各国和各地区人民之间重要的社交活动,不仅有助于增进各国人民之间的相互了解和友谊,而且有助于促进国家、地区之间的友好联系,维护国际形势的和平与稳定。

随着经济全球化进程的逐步加快以及我国旅游产业国际地位的不断提升,培养适应国际化运作、熟悉国际惯例的复合型旅游人才已是当务之急。

（一）旅游方式的多样化

旅游方式的多样化与旅游产品的多样性是密切相关的。由于旅游活动的普及性和娱乐性,消费者参与的越来越多。不同的游客有不同的产品需求,为了适应游客的不同需求,就要进一步细化产品,以产品的多样性迎合游客需求的多样性。

在产品开发中,更加注重主导性和多样性的结合,形成产品体系。在旅游市场经营中,主导产品类型决定着目的地旅游业的性质和特点,而多样的产品体系也影响着旅游业的发展前途。事实上就是完成旅游产品从单一到完整的过渡。

（二）旅游需求普及化

随着社会生产力大幅提高,社会财富迅速增加,个人收入提高,工作时间缩短,闲暇时间增多,现代交通工具发展,现代旅游设施的大量建设,旅游正在从一个高端的享受型产业,发展成为人类生活的一种基本需要和高层次的消费活动。

同时,旅游供给水平也达到了一个新的水平,可以较好地实现这种需求。计算机的普及以及互联网的发展,使旅游预订系统形成世界网络;交通便捷使全球范围内可以实现朝发夕至;信用卡通行世界;出入境手续日益简化。这些都给旅游者出行提供了更为便捷的条件,使旅游者的自由度大大增加。

（三）旅游发展的可持续化

可持续发展是旅游业发展的重要内容和重要目标。可持续发展是既满足当代人的需要，又不损害后代人的利益。所谓旅游业的可持续发展，是指在保持和增强未来发展机会的同时满足当代旅游者和旅游地居民的需求，并通过现有旅游资源的可持续经营管理，在确保文化完整性、基本生态过程、生物多样性和生命支持系统的同时，实现旅游经济效益和社会效益的统一的发展模式。

总之，世界旅游业能如此迅速地融入世界经济浪潮，与旅游业自身的发展历程和特点分不开。目前的旅游业正在经历翻天覆地的变化。旅游企业跨国经营的不断扩张，带来并强化旅游业经营的国际化趋势，势必要求未来的高等旅游教育必须以国际视野来组织教学，向培养国际型人才目标拓展，不仅要让学生关注、了解和比较国际旅游需求以及旅游业投资和经营环境的特点与差异，更要让学生了解有关旅游发展问题的国际共识和旅游业经营中的国际惯例，而不能仅仅局限于本国甚至当地的认知与实践。旅游的产业化和国际化发展趋势对高等旅游教育的人才培养提出了新的挑战，培养具有国际竞争力的旅游人才成为高等旅游教育面临的首要任务。

三、以国际化水准打造旅游教育"中国服务"品牌

旅游业是我国与国际接轨最早的行业之一，旅游职业教育应加强国际交流与合作，走国际化道路，培养大批跨地域、跨国界、跨文化、跨民族的职业精英，为我国旅游业的国际扩张提供人才支撑。如何最大限度地与国际接轨，让旅游教育真正走向国际化，打造旅游教育"中国服务"品牌，培养国际型复合人才也成为十分紧迫的任务。

因经济全球化引起的世界旅游大发展，国内的就业结构也随着国际交流、接触、考察、学习的日益频繁而发生变化。为此，可以从以下几个方面着手努力：

一是主动融入世界。在全球经济一体化的潮流中，中国市场几乎被所有经济体认为是21世纪最有潜力的市场，特别是欧美等发达国家，制定了长期积极的发展战略，有组织地推动与中国各界的合作。在这样

的背景下,各行各业愈加需要高素质的涉外人员来谋求进一步的发展,也需要更多的国际化人才。只有自觉地融入世界的发展,才能更好地前进。

二是强化办学特色。当前,国内的各大旅游院校已形成了多元化发展的趋势。从目前国内旅游院校的情况考察,学院在国际化办学上已经有了成功的经验,我们应该保持并进一步强化自身的特色,成为学院今后努力的方向。

三是拓宽办学视野。通过国际化办学,有利于我们打破墨守成规、故步自封的办学格局,使自己能站得更高,看得更远,更好地去了解旅游教育的发展趋势,了解旅游业发展的要求。通过学习他人先进的科学技术及办学经验,交流办学体会,共同探讨办学模式,扩大对世界旅游教育发展信息的掌握,拓宽办学视野,更新办学理念。

第二节 教育国际化的若干理论

经济全球化加强了各国在教育资源方面的交流,而教育的国际化不仅促进了各国优质教育资源的共享,而且成为传播民族文化的绝佳途径。

一、全球经济一体化理论

自20世纪80年代出现"全球化"一词以来,各领域的全球化逐步成为各国关注的焦点,而经济全球化已成为21世纪的主旋律。

生产力的发展是经济全球化的根本原因。近2000年来,世界经济出现了四波经济全球化浪潮:第一波浪潮出现在2000年前的罗马帝国时期;第二波浪潮发生在16世纪,哥伦布发现新大陆;第三波浪潮出现在1815—1913年;第四波浪潮形成于第二次世界大战以后。20世纪90年代以来,市场经济促进了世界市场体系的形成,而信息技术使世界市场的时空距离大幅缩短,从而使经济全球化发展到一个崭新的阶段。[①]

经济全球化推动了教育的国际化。各国加强了教育资源的交流,从而使各国都可以利用全球的教育市场及资源。经济全球化和信息革命影响到学习过程的性质,形成学习与其传统制度场所相分离的局面,从而促进新的教育商品化。

经济全球化形成了全球化的经济分工与合作,世界经济成为一个整体。任何一个国家要适应全球化,必须有高水平、高素质的人才,这是经济全球化对教育提出的最主要的要求。

劳动力的流动,人才的流动,形成了国际人力资源市场。发达国家利用本国教育的优势,形成了教育的国际产业,大量人才流向这些国家,拉动了经济发展。发展中国家既可以派人到发达国家留学,学成后为本国服务,也可以根据发达国家的需求,进行劳务输出,赚取大量外汇。

二、教育国际化理论

（一）教育国际化理论的动因

随着经济全球化的进一步深入,必然带来全世界范围内文化的融合与互动,即文化的全球化,并逐步达到某种文化的认同。而这种世界文化的传播与共享,只有通过教育国际化,促进各国教育体系的接轨,培养国际化的人才才能实现。

20世纪90年代以来,世界经济、政治、科技与教育领域发生的变化,成为推进新一轮教育国际化进程的主要动因。

（1）政治动因。教育一向被认为是发展未来政治、经济关系的外交投资。

（2）经济动因。教育国际化发展的目标是为国家带来长期或直接的经济效益。

（3）学术动因。教学科研和社会服务国际化程度的提高,有助于教育质量的提高,这主要是通过提高高校科研和管理的人力基础来促进教

[①] 于培伟.经济全球化发展趋势与对策[N].中国经济时报,2011-12-19.

第七章 国际化视野下的旅游高等教育应用型人才培养

育制度建设的。

（4）文化动因。保存并促进本土文化的发展,承认国家之间文化和种族的多样性是一个国家的教育系统推进其国际化进程的基础。

教育国际化的驱动力主要有三个方面：一是对学生的学术和专业要求反映出社会、经济和劳动力市场全球化的需求；二是科学研究的专业化程度和某些研发领域所需的投资力度要求紧密的国际合作；三是国际组织在全球范围内的协调有力地推动了教育国际化的发展。

（二）教育国际化的途径

世界贸易组织《服务贸易总协定》规定,凡收取学费带有商业性质的教学活动均属教育服务贸易。它覆盖基础教育、高等教育、成人教育和技术培训,所有世界贸易组织成员方均有权参与教育服务竞争。教育主权属于国家主权的一部分,教育主权的部分让渡与共享,可以使本国人获得更多的受教育权,吸引国外优秀的教育资源,优化本国教育结构,提高教育质量,扩大就业机会,推动本国的教育更好更快地发展。

世界贸易组织所指的"教育服务"包括以下四种活动方式：第一,提供远程教育课程与服务；第二,鼓励公民留学和进修；第三,提倡海外办学,创办商业实体,独资或合资办学,从事教学、科研和文化交流活动；第四,鼓励专业人员从事专业教学研究工作。

从最近几年的具体实施经验看,教育国际化的途径基本上可以归纳为以下几种：第一,活动途径,包括招收国际留学生、师生互换等活动。第二,能力途径,强调发展技能、知识,以及学生、教师和教职人员的态度和价值观。第三,氛围途径,强调创建一种珍视和支持国际的、跨文化的事业和思想的文化或氛围。第四,过程途径,强调通过各种各样的活动、政策和过程,将国际、跨文化维度整合或融合到教学、研究和服务功能之中。

（三）教育国际化的意义及影响

教育国际化是实现教育适应世界变化、实现经济发展战略、全面深化教育改革和高新技术迅猛发展需要的重要途径。教育国际化的意义及影响主要表现为：教育国际化是国家间综合国力竞争的需要；教育国际化是教育产业化与服务贸易自由化的需要；教育国际化是就业国际化的需要；知识经济时代，知识成为新的焦点，人才的竞争越来越激烈，整个就业市场的国家界限越来越模糊；教育国际化是智力资源竞争的需要。

第三节　旅游教育国际化的内涵及意义

一、旅游教育国际化的内涵

旅游产业和旅游市场的发展是不会"坐等"人才齐备的，关键是旅游院校如何认清国际化旅游人才培养的紧迫性、重要性。

1. 教育模式的国际化，包含了高等教育国际化的所有属性和特点

高等教育国际化是适应经济全球化而产生并形成的，是经济全球化背景下的衍生概念。世界是复杂多样的，高等教育国际化的概念也因各国政府、教育工作者认识的不同而需要更缜密的、多元视角的检验。随着生产力的发展和科学技术的进步，高等教育国际化进程进一步加快，尤其是世界发展到今天，经济出现了全球化的态势，赋予了高等教育国际化更深、更广的含义、内容和使命。

高等教育国际化的基本意义是指在适应经济、政治发展需要的前提下，使本国的高等教育融入世界教育轨道上来的过程，通过跨国际的、跨民族的、跨文化的高等教育交流、合作和竞争，把国际的、全球的理念融合到高校的教学、科研、服务等功能中的过程，使本国的高等教育更加完善，同时走向世界。

上述概念的属性和特点无疑全部落实到旅游教育国际化的内涵中，此外，旅游教育国际化还表现为高等旅游院校在国际意识、开放观念指导下，通过开展国际性的多边交流、合作与援助等活动，运用世界经济、科技、文化最新成果培养出能不断适应旅游行业发展的旅游专业人才。

2.培养国际化的人才,最终目的是要实现培养国际化的旅游人才

在经济全球化的今天,旅游业国际化的发展速度越来越快,各国间的交往也越来越紧密。旅游业的国际化发展要求旅游专业教育同国际接轨,要反映国际化特征,培养素质全面、具有国际视野和国际竞争能力的旅游专业人才。旅游业的飞速发展极大地推动了我国旅游人才教育事业的发展,对旅游人才的基本要求也快速提高。但传统旅游教育理念、模式和方法与旅游人才市场需求相脱节,这在我国旅游高等教育中表现得尤为明显,也是国内众多旅游高等院校至今未能解决的问题。

这些问题的解决,必须通过国际化来实现。国际化是全方位的国际化,是一个综合的、系统的旅游人才培养工程。作为外向型服务程度很高的旅游业,其人才的培养、课程设置和教学内容的组织尤其应当考虑与国际接轨。从这个意义上说,有选择地借鉴国外先进的旅游教育理念、模式、方法、教材等人才培养方式来帮助我们培养符合旅游行业特点的旅游人才,是高等旅游教育国际化的根本目的和最终目标。换句话说,旅游教育国际化就是要更好地培养高素质旅游专业人才,更好地服务于旅游行业,实现旅游产业和旅游教育的互动发展。

二、旅游教育国际化的意义

国际化是以经济国际化为主,世界范围内的各个民族、国家和地区,超越经济、政治、文化差异和地理分割,趋于形成紧密联系、相互制约的共同体的一种全球整合现象。中国的国家利益需要更多地在全球范围内优化资源配置。

当前,我国的旅游业发展迅猛,已具有相当的产业规模,与国际旅游市场的关联度加大,需要大量的国际化旅游人才做支撑,高等旅游教育也需要充分利用国际市场和资源。要以科学发展观为指导,加快提升高等旅游教育国际化的整体水平,形成经济全球化条件下参与国际竞争与合作的新优势。

旅游教育国际化的意义主要体现在如下方面。

第一,在全球经济一体化的潮流中,中国市场几乎被所有经济体认为是21世纪最有潜力的市场,特别是欧美等发达国家,制定了长期、积

极的发展战略,有组织地推动与中国各界的合作。在这样的背景下,更需要高素质的涉外人员来谋求进一步发展,也需要更多的国际化人才,因此现在是旅游高等教育融入世界发展潮流的最佳时机。

第二,目前,国内诸多旅游院校纷纷在凝练特色、创建品牌方面竭尽全力。如北京联合大学、上海师范大学、桂林旅游学院、浙江旅游职业学院等正在将努力巩固和提升特色,突出优势,形成自己的品牌作为发展战略。由于旅游业是国际化程度很高的产业,高等旅游教育的国际化无疑在中国职业教育的国际化进程中有着重要的示范和引领作用。

第三,通过国际化办学,有利于打破原有的墨守成规、闭门造车的办学模式,使教育者更好地了解高等旅游教育的发展趋势、旅游业发展对人才的新要求。通过学习国际先进的办学理念和办学模式,学以致用,形成一套符合中国实际、行之有效的国际化人才培养模式。

所以,高等旅游教育必须尽快与旅游业国际化趋势接轨,让国内的旅游教育真正走向国际化,培养国际型复合人才,让我们的学生不仅能在竞争中取胜,而且具有国际旅游市场的拓展能力。

第四节 国际化旅游应用型人才培养的理想模式及实现途径

一、国际化旅游人才的重要性

(一)国际化旅游人才是实现我国由世界旅游大国向旅游强国迈进的重要保障

中国已有 20 多个省区提出了"旅游强省,旅游建省"的发展战略,把旅游作为优先发展的行业。中国要实现由世界旅游大国向旅游强国迈进的宏伟目标需要数量足够、素质一流的国际化旅游人才作为保障。但是,目前旅游业的蓬勃发展却面临人才严重短缺的"瓶颈",旅游人才在数量上存在严重的不足,旅游业的持续升温、快速发展与旅游专业人才短缺之间的矛盾十分突出。

第七章　国际化视野下的旅游高等教育应用型人才培养

同时,我国旅游教育还存在旅游人才培养质量与旅游业发展需求不完全适应的突出问题。旅游院校需要考虑的实质问题就是研究培养什么、培养多少、怎么培养、为谁培养等。一方面,中国要从旅游大国真正变成旅游强国,必须具备相应的国际人才竞争力,而过去主要抓的是人才的数量,对人才的质量问题重视不够;另一方面,在整个旅游教育体系中,高等旅游教育是薄弱环节,没有很好地结合专业特点来制定相应的培养目标与模式,没有很好地进行课程与教材体系的设计,同时,有国际合作背景的旅游院校也屈指可数。如果高等旅游教育不能真正培育出接轨国际的高质量人才,旅游经济的发展必然会受到制约,高等旅游教育之路也就难以持续走下去。

（二）国际化旅游人才的培养是高等旅游教育发展的必由之路

纵观国际旅游教育的发展历程,不难发现旅游业发达国家的旅游教育起步较早、相对成熟。与发达国家的旅游教育相比,我们有明显差距,如国际竞争起点低、旅游人才规格层次较低等,这也限制了我国高等旅游教育向纵深发展。我们需要整合国外教学资源,加强与瑞士、澳大利亚、美国等旅游教育发达国家在高等旅游教育领域内的交流,进一步学习发达国家的先进经验,从而提升我国高等旅游教育的整体水平。因此,国际化是我国高等旅游教育发展的必由之路。

二、国际化旅游专业应用型人才的培养目标

理想的国际化旅游专业应用型人才是一个与时俱进的概念,它的核心是培养国际化的旅游业复合人才。具体来讲,就是力争通过国际化教育,使学生在切身体验和耳濡目染中,逐步培养具备四种核心能力,即诚实守信的责任能力、跨文化交往的沟通能力、国际视野的创新能力和可持续发展的学习能力。

1. 诚实守信的责任能力

随着经济全球化进程的加速,全球对人才素质的要求正走向趋同。从素质方面看,责任感和诚信应是一个人最重要的职业素质,它要求能够承担起维护民族文化的责任,既懂得中华民族的道德价值规范体系,又能融入世界优秀文化之林,同时强调独立自主承担社会责任、增强诚信服务意识、具有高度敬业精神。

2. 跨文化交往的沟通能力

国际化旅游人才的跨文化沟通能力是指以对旅游者文化背景的了解和旅游目的地社会文化的熟悉为基础,合理运用基本的沟通技巧,以灵活、务实的态度,协调国际旅游活动与交往中的各种关系的能力,并能在竞争中与人合作,具有强烈的团队合作精神。

3. 国际视野的创新能力

旅游业生产价值的大小与旅游业创新人才的多少成正比例。因此,我们需要以社会旅游市场的需求为前提,以就业为导向,进一步加强旅游职业教育,要适应经济全球化发展的要求,培养和造就具有国际视野、富有创新精神的国际化旅游专业人才。

4. 可持续发展的学习能力

在知识经济时代,如果一个人仅仅掌握旅游专业,而对一些与旅游专业相关或相近的知识技能不了解,是很难适应岗位的要求的。在旅游职业教育国际化进程中,学会学习才能学会生存,这已成为一个基本法则,反映在对人的要求上,就是要拥有健康的体魄和稳定的心理素质,具备不断追踪旅游专业的世界前沿和不断学习、吸收、消化国际先进文化和知识的能力。

三、国际化旅游专业应用型人才培养实现的路径

如何培养和造就国际化的旅游专业人才,是旅游职业教育所面临的新挑战和新任务。理想模式在借鉴发达国家旅游教育办学特色和人才培养模式的基础上,从理念、体制、行为、标准等方面进行了国际化办学的探索。

第七章　国际化视野下的旅游高等教育应用型人才培养

（一）构建培养机制

理想模式要求构建政府主导、多方联动的培养机制。从宏观层面，可以考虑发挥政府的主导作用，整合各类资源，在政策及资金等方面给予旅游教育必要的支持，同时，在宏观上更好地引导旅游业人力资源发展，为人力资源建设提供指导性意见、政策和制度的保障。旅游行政部门、旅游行业协会、旅游院校和旅游企业等多方联动，优势互补，形成旅游人力资源开发的"大旅游教育"格局。

（二）完善课程体系

旅游职业教育国际化进程中要积极探索符合国际标准的课程体系，积极开展课程体系的国际认证工作，不断提升教学水平，促使各类教学实践逐步融入国际化课程体系。

旅游职业教育培养和造就人才的核心是课程建设。国际化课程是一种为国内外学生设计的课程，在内容上趋向国际化，旨在培养学生在国际化和多元文化的环境下生存的能力。要想建立旅游职业教育的国际市场，就必须适应时代需求，建立科学、合理、与国际接轨的课程体系和内容。旅游类专业的课程设置既要充分体现专业特色，又要适应教育国际化的要求。因此，我们必须积极引进国外优质课程资源，借鉴发达国家旅游教育经验，加大教育培训设施的投入，增强旅游职业教育的竞争力。

第一，积极学习，加强合作。比如在课程建设方面就要学习各国先进的课程开发理念，注重课程的针对性、灵活性、发展性等特点。

第二，加强国际通识教育，增设外国政史地等基础课程和国际时势、经济动态、中外文化比较等深层次课程，教学内容争取与国际一流院校接轨，及时采用形式新颖、内容符合时代要求的国际通用教材。

第三，主动满足加入世界贸易组织后旅游国际化趋势的要求，为旅游行业参与国际竞争与合作培养国际化旅游专业人才。反映在课程上，就是要加强外语素质培养，不断增强学生的国际意识，形成开放的国际视野，逐渐具备四种核心能力（诚实守信的责任能力、跨文化交往的沟通能力、国际视野的创新能力和可持续发展的学习能力），从而使先进的知识、技能在国际范围内流通,实现国际范围内信息、资源、经验的共享。

（三）提高师资水平

国际化旅游人才的培养要求专业教师既要掌握高等教育的规律,又要有丰富的学科知识;既要有宽广的国际视野,又要有对行业的深刻理解。要造就这样的师资队伍可以采取如下几种方式:

第一,缩短教师的教育理念、教学内容与国际先进旅游教育的距离,培养一支具有国际眼光、融入世界旅游教育体系的师资队伍。

第二,加大师资队伍中具有在国(境)外旅游院校学习或有旅游企业工作经历的教师和外籍教师的比例,充分利用国家留学基金会和校际交流的资源,选派教师出国(境)进修。

第三,实施全英语(双语)教学教师海外培训计划。每年选派一定数量有较好英语基础的专业教师赴国外进修,返校后开设相关课程。

第四,吸引国(境)外知名旅游院校博士毕业生和教师来校工作。

（四）加强科研合作

在经济全球化和区域一体化的进程中,加强旅游教育科研合作和信息交流对旅游职业教育国际化将起到至关重要的作用。

第一,设立国家和地方两级专门的旅游教育研究机构,筹建全国性的研究旅游教育学术团体,为旅游教育提供研究与交流平台。

第二,通过联合举办国际研讨会、联合申请跨国旅游研究项目等形式加强旅游教育科研机构之间的实质性合作。

第三,引导和鼓励教师按国际学术规范从事科学研究,在国际学术期刊上发表高水平学术论文,在科研考核指标中加大国际期刊发表文章的权重。同时设立国际学术交流基金,资助教师、研究生参加高水准的国际学术会议,进行短期学术访问,资助院系主办国际学术会议。

第四,信息是市场开发、产业合作、人才培养和科学研究的基础。建立一个旅游信息共享平台具有极强的理论和现实意义。

（五）拓展国际交流

理想模式要求在面向社会开放办学过程中积极开展多途径、多形式、多层次的国际合作与交流，主要包括以下几个方面。

第一，开展合作办学。通过对国外优质教育资源的"引进—转化—发展"，对我国旅游职业教育进行改革和创新，通过学分衔接、学历互认、文凭颁发等形式开展实质性的合作。

第二，开展留学教育。在全球一体化的背景下，旅游职业教育国际化并不是单向、被动地融入世界，而是双向交流、主动走向世界。一方面，我们要大力开展出国留学服务工作，随时满足在校学生出国留学继续深造的需求，联合培养懂得国际规则和现代理念的旅游人才，大力拓展毕业生海外就业市场。另一方面，我们要努力接收外国留学生。开展留学生教育是提升教育国际竞争力、促进教育现代化的另一条重要途径。要特别注意发挥中国的历史文化传统优势，积极推介旅游职业教育品牌，吸引外国学生来国内旅游职业院校留学，也可以举办烹饪和汉语等相关的留学生短期培训班，加大留学生教育产业化。

第三，师生短期交流。开展师生短期交流是利用国际旅游教育资源，交流旅游教育教学信息的重要途径。通过派出优秀专业教师赴国外进修，或者与国外的旅游院校建立成熟的学生交流模式，由专业教师带队，集体走出国门进行短期培训，从而使专业教师和学生能够从中获益。另外，邀请国外著名旅游院校或旅游行业的专家到国内讲学访问，打破单一聘请语言外籍教师的模式，可以引进先进的旅游教育智力资源。通过以上活动，不仅可以优化本专业教师的知识结构，而且丰富了本专业学生的学习内容，使之与国际社会结合得更加紧密。

第四，职业资格认证。由学历证书、职业资格证书构成的"双证书"是职业技术教育的特色之一。引进国际旅游业职业资格认证考试，开拓海外培训渠道，可以促使学生适应国际人才质量认证制度并获得更好的就业资格，从而加速走向国际化。

（六）建立评价体系

建立国际化旅游人才评价体系，以四种核心能力（诚实守信的责任能力、跨文化交往的沟通能力、国际视野的创新能力和可持续发展的学习能力)为主要衡量标准,了解和掌握国际化旅游人才的素质水平,从而为国际化旅游人才的开发做好基础性工作。

第五节 面向国际、依托行业的办学平台建设

面向国际、依托行业是高等旅游教育发展的基石,是高等旅游教育发展的必然趋势。

首先,教育国际化是高等旅游教育的重要职能,也是提升旅游高等院校竞争力的重要路径。伴随着全球化的进程,高校的职能不断地延伸,其中重要的一点是发挥国际化职能,使不同的文化相互碰撞,相互理解。高等教育国际化趋势赋予了文化交流更为深刻的内涵,这种国际化是对大学的本质功能关于文化的保留和继承的升华。高等旅游教育作为高等教育的一种类型,理应承担跨国界文化交流的职能。另外,随着跨国界旅游与无国界旅游热潮的蔓延,国际旅游市场对旅游业人才的需求与日俱增,高等旅游教育的国际化是高等旅游教育发展的必然趋势。

其次,依托行业是高等旅游教育发展的动力和基础,也是打造旅游院校特色的必然选择。高等旅游教育的目标是培养旅游业高级技术型和应用型人才,旅游行业的需求现实和发展前景是旅游教育发展的关键。依托行业办学是旅游院校以社会需要为动力,按照旅游行业的实际要求确定专业规格、能力标准;以行业经济中产业结构作为主要依据设置专业;积极地探索校企合作的多种有效途径,建立互惠互利、良性互动的合作机制,推动高等旅游教育的健康发展。

一、面向国际的高等旅游教育理论与实践

高等旅游教育国际化是指要以具体多样的国际交流与合作为载体,有机地吸收和借鉴世界各国的高等旅游教育办学理念、办学模式、文化传统、价值观念和行为方式,建立与国际旅游行业接轨的纽带,以提高

第七章　国际化视野下的旅游高等教育应用型人才培养

旅游人才培养质量,推动本国高等旅游教育的现代化进程;同时在双向度的交流中重新认同自己并向世界各国表达自己,最终实现国际社会相互理解与尊重的过程。在这一过程中,最为关键的是具有国际视野、国际沟通素养、多元文化理解能力的旅游人才的培养,这也是旅游院校面临的共同课题。

对于旅游院校而言,旅游教育国际化的目标主要是:提高学校的国际竞争力,提升学校在旅游学界的学术影响力和对旅游业界的引领作用,扩大学校的国际知名度,推动旅游学科发展和创新,增强学校的社会服务能力。具体到师生发展的层面,旅游教育国际化的目标主要是优化师资队伍、提高跨文化交流能力、扩大国际视野、提升就业深造能力等。

(一)办学理念国际化

理念是行动的先导和灵魂。只有具备国际化战略理念,旅游院校才能走出一条成功的国际化道路。学校的国际化战略包括国际化行动的方向、思路、目标、措施和政策保障等几个方面。具体表现为:
(1)引进国外优质教育资源、管理经验,更新教学内容、教学方法。
(2)紧密联系国内外政府组织、非政府组织及大型企业,建立国际化的学术交流平台,争取国际项目。
(3)教师互派讲学,共同开展合作研究,进一步加深旅游学院与国外旅游高等院校及组织的合作交流,建立紧密型合作关系。
(4)拓展学生交流,积极探索联合培养研究生,与国外交流院校进行学分互认。
(5)建立海外实习基地,培养具有实践能力和创新意识的应用型、复合型旅游人才。
(6)大力提高教育质量,增加英文授课课程,吸引留学生来校就读。

(二)合作伙伴国际化

根据院校本身的定位和特点,有针对性地、有重点地建立国际合作伙伴关系是旅游院校国际化质量的保证。建立友好关系需要合作双方的诚意和信任,发展和维护友好关系更需要合作双方持之以恒的努力和跨文化理解、沟通。经济全球化给高等旅游教育的国际化带来了前所未有的发展机遇,旅游院校享有更广阔的国际交流平台。作为一个成熟的旅游院校,需要从粗放型的国际交流模式逐渐走上内涵式发展的国际交流道路,谨慎地寻找最佳的合作伙伴和最佳的合作模式,寻求合作的利益最大化。旅游教育国际合作的关键在于,以合作项目为支撑,根据合作单位的特点与需求寻找最佳合作方式,保证合作方互惠互利,使合作关系健康、可持续发展。

(三)学术科研国际化

旅游专业要可持续发展,必须以学科作为支撑,借助国际化的科研平台提升高等旅游教育的竞争力。借助国际化科研平台开展广泛的国际学术合作,将促进旅游专业的学科发展,给教师的专业发展提供广阔的平台。

(四)人才培养模式国际化

国际旅游人才的核心竞争力应该包括基础能力(硬能力),表现为显性知识,即旅游行业知识和国际语言和沟通能力;辅助能力(软能力),表现为隐性知识,即问题解决能力和多元文化理解能力。前者是学生获得就业机会的前提,后者则是获得旅游业内职业生涯发展的保证。

学生旅游行业知识和问题解决能力的培养可以在本土化的教育中实现,但是学生的国际语言和多元文化理解能力必须在国际化的教育中培养。并且,应对复杂情境的问题解决能力和国际语言能力一定是在以实践本位的培养方式中获得的。

(1)建立海外实习基地。旅游院校与海外院校或企业直接签订合作协议,选送学生赴海外实习半年或一年,开拓学生的国际视野,提升学生在异国文化环境中的生存能力,提升学生的语言能力、实践能力与国际就业能力。

(2)开展学生交流、学分互认。旅游院校与海外院校建立学生交流合作关系,每年定期选送学生赴海外交流学习,互相认可学分。

第七章　国际化视野下的旅游高等教育应用型人才培养

（五）师资队伍国际化

教师的国际流动是高等教育国际化的一个核心部分，是实现教育国际化的一条捷径。具有国际知识和经验的教师可以直接推动教学、科研向着国际化的方向发展；不同文化背景的教师在一起，形成不同文化的碰撞，有利于科研的创新。我校师资队伍国际化建设的路径是走出去与请进来相结合，长期与短期相结合，学历教育与非学历培训相结合。

（六）课程体系国际化

（1）课程内容国际化。要实现国际化的培养目标，必须构建国际化的课程体系和教学内容。在教学内容国际化上，一是需要构建国际化的课程体系，开设国际关系、国际金融、国际经济、国际贸易、世界历史、地理、风土文化等国际化课程；二是对现有的课程内容进行调整，增加国际化的内容，将国际经验和国际案例分析纳入现有教学大纲。

（2）部分专业教学语言国际化。为了实现国际化人才的培养目标，加快培养具有国际文化背景、国际交往能力的人才，在教学过程中，旅游院校需要积极推行部分课程教学语言国际化，在部分专业基础课、专业课和世界历史、文化、地理等课程实行外语教学，实行本土教师的双语教学或全英语教学，引进外籍教师外语教授专业课程。专业教学语言的国际化方便了学生了解学术前沿信息，加强了多元文化的理解和适应能力，有助于学生走向世界。

（3）教学方式国际化。例如，推行项目式教学，在烹饪系西餐烹饪课程中引进外籍教师现场指导教学；在国际导游专业课程中利用现代科学技术，建立模拟导游实验室，教学与实训相结合；建立校内酒店实训楼，为酒店管理专业和烹饪系学生提供现场教学、校内实习的机会；建立校内休憩园和地质园，拓展国际导游专业、地理专业的授课空间，促进理论与实践相结合。

（七）学生来源国际化

学生来源的国际化，一是有利于学生之间的交往国际化、多元化，有利于多种文化的交流；二是可以在全球范围内选择优秀生源，以提高教学质量和办学水平、提高学校的知名度和国际影响力，三是能增加学校的收入，促进我国教育事业的发展。

二、依托行业的高等旅游教育的理论与实践

（一）高等旅游教育校企合作的意义和作用

1. 旅游企业是高等职业教育的主要利益相关者

利益相关者理论最早产生于企业管理领域，它认为，对于一个企业来说，获得长期生存和繁荣的最佳途径是考虑其所有重要的利益相关者并满足他们的需求。利益相关者是指可以影响组织目标或受其影响的个人或群体。

高等职业院校是非营利组织，是利益相关者相互关系的联结。高等职业院校的利益相关者是指可以影响院校培养目标或受其教育活动影响的个人或群体，包括教职工、学生、政府和企业。高等旅游教育的培养目标是为旅游行业培养高素质的应用型人才，旅游院校的发展取决于旅游行业的人才需求现实和前景，学校确定的专业规格、能力标准必须满足旅游行业的实际要求。旅游企业是高等旅游教育成果的借鉴者和教育活动的参与者，旅游行业发展是高等旅游教育专业建设与改革的先导、基础和依据。

2. 校企合作是高等旅游教育特色的基石

应用型高等教育的特性决定了高等院校必须与经济社会发展紧密结合，必须有强烈的市场意识，走产学研结合的道路，坚持"以服务为宗旨、以就业为导向"的办学方针，牢牢把握企业实际需求和产业发展趋势，加大课程和教材改革力度，不断更新教学内容，加强实习实验教学环节，大力推进精品专业、精品课程和教材的建设，及时调整专业设置。

第七章 国际化视野下的旅游高等教育应用型人才培养

3. 校企合作是深化高等旅游教育改革,优化旅游人才培养模式的重要途径

产学合作是培养技能型人才的基本途径,也是高等旅游教育改革与创新的重要方面。依托行业办学,一方面,可明确人才培养规格和教学质量标准的定位,优化技能型人才的培养途径,从而拓宽教育和经济间的桥梁,协调教育和经济的和谐发展;另一方面,能够实现中、高等旅游教育与培训的联动发展,满足学生和从业人员发展的需要。

总之,高等旅游教育必须根植于旅游行业这片土壤,才能获得持续不断的养分供给和动力支持。

(二)依托行业办学的探索与实践

依托行业,努力吸纳行业企业的职业教育资源,深化教学改革,提高学生的实践能力,培养"适销对路"的人才,满足行业人才需要和学生就业需要;同时,学校还充分利用自己的办学优势,全方位开展教育培训和科技服务,发挥学校在旅游行业领域的社会服务与辐射带动能力,提升学校在行业的知名度和影响力。

1. 依托行业,建立学生实习实训平台

在长期建立实习基地的基础上,积极发展校企教育合作,参与人才培养全过程,提供实践教学和社会实践、顶岗实习机会,以订单式培养目标对学生进行职业技能与素质的培养,凸显工学结合的特点。

2. 利用行业优势,优化师资队伍结构

可以下面三种途径优化师资队伍,建立师资梯队。

第一是培养与引进具有酒店管理专业前沿领域知识、熟悉现代酒店发展管理的经验和技术、能把握专业改革方向的教师。

第二是制定专业教师挂职锻炼计划,鼓励与资助教师进入合作教育基地企业进行为期半年或一年的管理岗位挂职锻炼机会,丰富教师的实践经验,培养双师型教师。

第三是聘请旅游企业高级管理人员担任兼职教授,主要承担企业文化课程、实践操作课程的教学。

3. 成立旅游职业教育集团,共享优化资源

通过校际、校企之间的深度沟通与全方位合作,充分发挥样体优势和组合效应,优化应用型旅游人才培养途径,探索旅游职业人才培养模式,提升旅游职业教育服务经济和社会的能力。

第六节　旅游教育国际化未来思考

一、国际合作的多元多样

国际化人才不是一个地理意义上的概念,而是文化、心理层面的概念。国际化人才一般都具备良好的道德素养,具备国际视野、先进知识、较强的创新能力和国际竞争能力。他们的优势还在于熟悉国际规则和多元文化,具有良好的跨文化沟通能力及自身可持续发展能力。

近年来,一些高校在国际化旅游人才培养上进行了有益的尝试,在国际化进程中主动交互与融合、探索和创新,在办学途径、教学手段、课程建设、实践教学、学术交流和管理模式等方面取得了显著成效。

(一)办学途径的创新——中外合作办学

中外合作办学是引进国外先进的教育理念和教学内容、方法、手段以及教育技术、管理机制,聘用外国教师授课的一种新的办学形式。加强与国外院校合作办学是当前高等旅游职业教育实现跨越式发展的突破点。这种模式是国际化旅游人才培养的重要路径之一,已经得到学生、家长和社会的普遍认可与好评。中外合作办学项目的开展不仅提高了学生的综合能力,拓宽了学生的国际化视野,促进了教师队伍的专业化建设,更重要的是,学院通过中外合作办学项目拓宽了思路,借鉴了国外成功的高等职业教育办学经验,从而带动了学院整体办学水平的提高。

(二)教学手段的创新——广义情境教学

情境教学法被广泛应用于各个学科的教学领域。这里所说的广义情境教学,是指将学生置于特定的教学情境之中,引起学生的情感体验,激活其思维,使其积极参与教学活动,提高教学实效。比如,通过聘请外籍教师,为学生营造一个现实的外语交流环境。此外,学院还可以建设一批情境教室,如欧式套房、日式客房、港式西餐厅、西式烹饪房、浸入式模拟导游实验室、韩语实验室等,将教学、实训活动延伸到课堂以外。

(三)课程建设的创新——优质资源共享

旅游职业教育要培养国际化的高素质旅游人才,必须构建与国际旅游发展潮流以及国际教育发展潮流相适应的教学内容,其核心就是抓好课程建设。积极引进国外优质课程资源,积极引进国外先进的课程体系、教学大纲、教学方法与内容、评估体系、原版教材及其他教学资料,借鉴发达国家旅游教育经验,加大教育培训设施的投入,增强高等旅游职业教育的竞争力。在课程建设方面,无论是专业课、公共课还是选修课,都进行大胆改革和有益尝试。

课程国际化的重要手段和途径之一是积极推进双语教学。实施双语教学是我国高等教育向国际化方向发展的需要,是培养具有全球眼光、国际合作意识、国际交流与竞争能力的高素质人才的重要手段。这一改革在课程结构和形式发生变化的表象下,反映的是教育理念的转变。其核心是对高等职业教育的本质及师生关系的重新定位,其方向是引导学生在知识的传承与创新、探究的深度与广度、学习的阶段性与终身化、个体的发展与人类的命脉之间找到平衡与契合。中外合作办学项目均采用部分引进版的原版教材,原汁原味地吸收国外的专业教学资源。

（四）实践教学的创新——留学研修并重

　　旅游学科是一门应用性极强的学科，尤其是在旅游高等职业院校，学生职业技能的学习和应用是人才培养的重点。为学生提供更多、更优质的海外实习机会，让学生走出去，了解世界，开阔视野，感受国外最顶尖、最先进的服务理念和管理模式，这是国内任何实习单位都无法比拟的。为让学生亲身感受国外一流的服务理念和先进的管理模式，发展学生多元文化的融会贯通能力，使学生成为能够适应国际化环境的旅游专业人才，学校可不断为学生提供海外研修实习机会。

（五）学术交流的创新——双向互动提升

　　高等学校教育科研部门经常不定期召开学术交流会和信息发布会，可以促进本校优秀教育科研项目成果的推广应用和提高学校在学术界的知名度；经常性地邀请国内外著名专家学者来本校举办学术交流讲座，能拓展本校教学科研人员的学术视野，营造浓厚的学术氛围，推动人才培养和科研发展；以学术交流为媒介，让优势学科、特色学科、重点学科和重点研究基地主办或承办全国性、国际性学术会议或派出教师出席国内外学术会议，可以拓展学术交流范围，把握学科发展前沿，提高本校的知名度和影响力。

　　随着中国旅游业的发展，中外旅游学术的交流必将更加频繁。中国旅游教育的学术交流不能仅仅局限于参加一些国际学术会议、发表几篇外文论文等浅层次的阶段。旅游高等院校要积极和国外的旅游院校或机构一起合作举办国际学术会议，塑造自身的品牌并提升知名度，打开国际市场，把我们的教育资源推销出去。

　　一方面，可以积极邀请国际知名学者专家来校进行短期讲学或科研交流活动，并承办旅游业内的国际学术交流会议。另一方面，可以主动选派教师到国（境）外攻读学位、教育培训、学术交流、任教授课等，这些出国（境）访学活动，有助于大幅提升教师的国际化水准，为国际化旅游人才的培养提供保障。

（六）管理模式的创新——部门多元一体

高校要发展,内因是关键。旅游院校的内部管理是学校自身发展的关键,在致力于旅游教育国际化的进程中,及时组建专门负责国际化事宜的国际教育学院,结合系(院、部)和学校外事办的工作职能,创建多元一体的管理模式,是旅游院校实现国际化发展的机制保障。

我国高等院校中外合作办学常见的管理模式主要包括项目集中式管理和专业归口式管理两种基本办学模式。集中式管理在组织形式上就是将全校所有中外合作办学项目合并在一起,组成一个独立的系或二级学院。而归口式管理则是根据项目所属专业的不同,将项目交由相关系、院分散管理。

目前,高等职业教育国际合作的主要内容包括师生的国际交流、合作办学和办班、共同举办国际会议等方面。随着高等职业教育国际化的普及,国际合作将趋于多元、多样。

第一,师生的国际交流成为常态,相同或相似专业的课程学分互认成为可能,国与国之间的学历互认阻碍消失。这不仅意味着学生、教师和研究人员的国际性流动更加顺畅,而且表明信息资料的国际共享和国际意识的培养,以及包括学位制度在内的各种相互兼容的高等教育制度的建立,使得"地球村"的概念成为现实。

第二,新知识、新技术、新工艺、新方法的交流快捷、方便。合作开发新技术、新工艺成为可能,共同把握世界高等职业教育教学和科研方面的新成果,努力构建有利于国际理解的学术话语,达到教育技术、设施等资源的国际共享。

第三,国际合作模式的创新。例如,多学校之间的合作、学校与企业之间的合作、学校与国际旅游组织之间的合作等都会产生。

第四,合作、共赢成为国际合作的主流。在旅游教育的国际化进程中,由于国与国之间经济社会发展、文化背景、自然和社会环境、价值观等的差异,可能导致合作中一些不愉快的事情发生,未来要在彼此宽容和尊重的基础上,进一步研究在国际合作中如何实现共赢,相信旅游教育在国际发展中的合作、共赢将是主流。

二、国际教育市场竞争加剧

旅游职业教育国际化的竞争力主要体现在三个方面,即人才培养模式的竞争力、旅游教育品牌的竞争力和教育产品(学生)的竞争力。

(一)人才培养模式的竞争力

传统的旅游人才的培养模式一般为"2+1"模式,即学生通过在校两年的课堂教学,掌握基本的专业理论知识,然后参加为期一年的教学实践(顶岗实习),掌握一定的专业技能,进而成为应用型的旅游专业人才。它的基本特征是以学科为基础,以知识为本位,实行"三段式教学"(按基础课、专业基础课和专业课的顺序进行教学),突出"三中心"(教学活动以课堂为中心、教师为中心和教材为中心),虽然很多学校都有一年的实习期,但是效果大多并不理想,是一种相对封闭的培养模式。

传统的旅游人才培养模式运行了很多年,虽然也为我国培养了不少旅游专业人才,但它仍存在不少弊端。如课程体系设计缺乏特色性、针对性和先进性,教学内容更新慢、教学方法陈旧,行业需要与学生能力的脱节等。

随着我国旅游业的不断发展,出入境旅游、国际交流合作日益增多,旅游行业对相关从业人员的各方面要求,包括外语水平、对外交流能力、沟通能力以及对国外相关文化背景的了解等都有很大幅度的提高。然而按照传统的旅游人才培养模式,这些方面的能力往往得不到较好培养,尤其是沟通、交往、稳定的心理、国际拓展等方面的能力都是教师在课堂上难以教授给学生的,只有让学生在社会中、在行业里、在国际化的大背景下潜移默化地领悟,才能逐渐得以培养。

旅游职业教育国际化的竞争力首先体现的就是人才培养模式的竞争力,通过人才培养理想模式去确立旅游职业教育国际化的先进理念,将旅游职业教育融入国际旅游教育的大环境,构建多层次、多形式、全方位的人才培养模式,培养具有国际竞争力的高素质旅游专业人才。

第七章　国际化视野下的旅游高等教育应用型人才培养

（二）旅游教育品牌的竞争力

教育品牌的建立包括很多方面，如办学特色、师资力量、校园文化、办学设施等，是一个系统的工程。学校教育品牌是一种无形资产，它若能发挥作用，就会给学校带来实质性的附加值，并形成品牌效应。品牌一旦形成，给学校、地区乃至整个行业带来的连锁利益是无法预估的，这不仅表现在经济效益上，还表现在良好的社会效益上。

在旅游教育界，瑞士洛桑酒店管理学院、美国康奈尔大学、澳大利亚威廉·安格里斯学院等都是国际知名的教育品牌，我们的很多教育模式都是向它们学的。我们应当进一步增强参与意识和创新意识，在积极参与的过程中推进自身高等教育的改革与发展，建立自己的旅游教育品牌，加入旅游教育的国际化发展浪潮中。

作为职业教育，行业的社会地位也是教育品牌创立的一个重要方面，是实现社会效益的基础。行业的环境好了，行业地位提高了，整个行业人才的需求量无形中也会增加。旅游业是服务业，虽然中国旅游业在国民经济中的地位已今非昔比，但从生源量、就业待遇、服务工种等方面来看，仍无法与金融业、交通运输业、电力行业等直接涉及民生的行业相比。在日益开放的今天，旅游从业人员的服务对象不单单是中国民众，更有大量的外国友人。从这个意义上讲，旅游院校培养出来的学生不仅代表了整个行业的形象，还在一定程度上代表了国家的形象。它虽然不是直接涉及民生的行业，但是它的发展也能给人民的生活品质带来巨大的提升。要实现这种社会效益，我们必须提高旅游院校的竞争力，创建旅游院校的教育品牌。这条路该怎么走呢？答案就在走国际化的道路上。

（三）教育产品的竞争力

旅游职业教育国际化的竞争力归根结底是培养出来的人才（学生）的竞争力，只有通过旅游职业教育国际化，培养出适合旅游企业需要、适合旅游业发展趋势需要的毕业生，旅游职业教育国际化的道路才算成功。学生的竞争力是人才培养的核心竞争力。

传统旅游职业教育注重对学生相关旅游基础知识的传授，相关旅游行业职业技能的教导以及相关职业道德、敬业精神的培养。但是随着现代旅游业的发展，这些基础的知识水平、技能水平已经不太适应现代旅游业的需要了，因此国际化旅游人才培养模式提出了国际化旅游人才的四项核心能力，即诚实守信的责任能力、跨文化交往的沟通能力、国际视野的创新能力和可持续发展的学习能力。这方面的内容在前面已经介绍，这里不再赘述。通过旅游职业教育国际化培养出来的旅游专业人才具备这四个方面的能力，其竞争力将会大幅提升。

随着国际旅游教育的快速发展，特别是中国旅游教育的崛起，可以预期若干年后我国将出现若干所具有国际水准的旅游院校。一方面，我国的旅游院校为了促进文化交流、教育交流，将吸引和招收更多的国际学生；另一方面，国外的旅游院校由于种种原因，也在积极招收中国留学生。旅游教育市场的生源竞争将日趋激烈。

参考文献

[1] 陈斌岚. 地方本科院校转型发展与应用型人才培养 [M]. 长春：吉林大学出版社，2017.

[2] 范德华，余宏刚，刘婷，等. 旅游概论 [M].2 版. 重庆：重庆大学出版社，2016.

[3] 方法林，孙爱民. 基于"创新创业 +"的人才培养模式研究与实践 [M]. 北京：旅游教育出版社，2017.

[4] 郭田田. 创新型旅游人才培养概论 [M]. 武汉：长江出版社，2018.

[5] 黄亚芬. 旅游管理专业人才培养 [M]. 延吉：延边大学出版社，2018.

[6] 金丽娟. 旅游市场与人才培养战略 [M]. 天津：天津大学出版社，2018.

[7] 黎巎等. 全国旅游类专业创新应用型人才培养规划教材旅游信息化导论 [M]. 北京：中国旅游出版社，2016.

[8] 李国庆. 基于校企合作的旅游人才创新创业能力培养研究 [M]. 北京：中国水利水电出版社，2019.

[9] 李佳敏. 跨界与融合——基于学科交叉的大学人才培养研究 [M]. 苏州：苏州大学出版社，2016.

[10] 白刚. 新文科背景下应用型本科旅游数据分析课程体系构建思路 [J]. 旅游论坛，2023，16（02）：126-133.

[11] 保继刚，朱峰. 中国旅游本科教育萎缩的问题及出路——对旅游高等教育 30 年发展现状的思考 [J]. 旅游学刊，2008（05）：13-17.

[12] 保继刚. 旅游高等教育高质量发展的思考 [J]. 旅游学刊，2023，38（01）：14-16.

[13] 曹毓，曹政. 高校旅游专业应用型国际化人才培养模式的构建 [J]. 新课程研究（中旬刊），2012（10）：8-10.

[14] 曹毓.关于高校旅游专业应用型国际化人才的培养[J].职教论坛,2012(35):83-84.

[15] 晁小景.我国旅游专业院校应用型人才培养的对策研究[D].天津商业大学,2017.

[16] 陈楠.韩国培材大学旅游高等教育分析及启示[J].现代商贸工业,2015,36(11):50-51.

[17] 陈炜,程芸燕.旅游管理专业应用型人才培养国际化合作研究——基于泛北部湾区域经济的视野[J].广西民族师范学院学报,2013,30(05):118-121.

[18] 崔康宁.旅游高等教育与社会实际脱节原因及对策分析[J].杨凌职业技术学院学报,2017,16(02):5-7.

[19] 邸胜男,姜超.应用型本科高校旅游管理"双师型"教师培养路径[A]第五届世纪之星创新教育论坛论文集[C].北京中外软信息技术研究院,北京中外软信息技术研究院,2016.

[20] 都敏.应用型本科旅游类专业校企合作师资队伍建设研究[J].黑龙江科学,2019,10(01):54-55.

[21] 费丽莎.乡村振兴背景下旅游地理教学与创新创业教育的耦合[J].中学地理教学参考,2021(14):31-32+35.

[22] 冯飞,周世中,李想,陈龙,辛松林."川菜走出去"背景下浅论中餐国际化高层次人才培养——以四川旅游学院为例[J].食品界,2023(08):118-120.

[23] 付友良.应用型本科旅游管理专业"双师型"师资建设路径创新研究[J].西部旅游,2022(21):84-86.

[24] 郭璇瑄,梁春群.高质量发展背景下应用型本科产教融合协同育人策略研究——以旅游管理类专业为例[J].广东技术师范大学学报,2023,44(03):90-94+112.

[25] 韩冰.产学研一体化模式下应用型旅游人才的培养[J].旅游纵览(下半月),2014(18):279-280.

[26] 韩丽荣,亚吉.旅游管理专业"产学研用"协同育人模式的构建[J].就业与保障,2023(10):148-150.

[27] 何志贵,王敬涵,滕浩,聂相珍.应用型本科院校酒店管理专业协同创新育人路径探析——以桂林旅游学院为例[J].广西教育,2019(19):103-105.

参考文献

[28] 洪霞芳,刘锦莲."1+X"导师制应用型人才培养模式——旅游高等教育产学合作的选择[J].继续教育研究,2013（10）：122-124.

[29] 胡红梅.旅游类专业创新创业教育与专业教育融合的困境与出路[J].西部旅游,2022（12）：94-96.

[30] 胡文静.中瑞旅游高等教育发展模式的比较研究与启示[J].湖南人文科技学院学报,2019,36（03）：119-124.

[31] 黄文胜.欠发达地区高校旅游管理专业产学研合作教育的探索与实践——以河池学院为例[J].河池学院学报,2015,35（04）：101-106.

[32] 黄毅,张雨,张群.国外高等教育旅游管理专业实践教学模式及经验借鉴[J].湖南工程学院学报(社会科学版),2017,27（04）：78-82.

[33] 金龙.旅游管理专业应用型创新精英人才培养模式探索[J].民营科技,2017（08）：264-265.

[34] 李晨芳,谭启鸿.国际化创新创业旅游人才培养模式研究——以旅游接待业课程为例[J].现代商贸工业,2023,44（16）：62-64.

[35] 李静,杨晓荣.创新创业背景下应用型本科旅游管理专业课程体系的优化研究[J].现代职业教育,2018（04）：34-35.

[36] 李宁.旅游管理专业应用型国际化人才培养研究——以桂林理工大学博文管理学院为例[J].教育现代化,2020,7（35）：38-40.

[37] 李树英,胡波.澳门高等教育的发展与品质保证研究[J].湖南师范大学教育科学学报,2016,15（05）：120-123.

[38] 李伟静."互联网+"背景下乡村旅游创新创业生态体系构建[J].产业创新研究,2020（18）：31-32.

[39] 林开淼,郭进辉,元晓春.新文科背景下"生态旅游"应用型课程的改革与实践[J].武夷学院学报,2023,42（07）：96-100.

[40] 刘佳.应用型本科转型背景下旅游专业产学研合作教育实践分析——以成都S学院旅游管理专业为例[J].旅游纵览(下半月),2018（14）：218-219.

[41] 刘丽群,何海.湖南智慧旅游人才创新创业能力培养途径研究[J].教育观察(下半月),2017,6（07）：70-71+99.

[42] 刘玉,林浩.云南旅游高等教育问题及对策研究[J].河南财政税务高等专科学校学报,2023,37（01）：74-79.

[43] 龙润湘,王美萍,梁磊.旅游高等教育教师专业化发展研究[J].教育与职业,2015（05）：107-108.

[44] 吕君丽.基于市场需求导向的地方本科院校旅游管理专业应用型课程设置研究[J].文教资料,2018(09):173-176.

[45] 马杰.校企合作模式在旅游人才培养中的应用——评《基于校企合作的旅游人才创新创业能力培养研究》[J].科技管理研究,2023,43(15):259.

[46] 马晓云.校企协同育人共同培养旅游创新创业型人才[J].中外企业文化,2022(01):102-104.

[47] 毛峰.应用型国际旅游人才培养路径研究[J].黑龙江教育(理论与实践),2021(06):33-34.

[48] 蒙涓.应用型高校旅游管理类专业产学研共同体构建研究——基于场域分析的视角[J].黑龙江教育(理论与实践),2021(02):86-88.

[49] 孟洋.高校旅游管理专业应用型人才培养研究[J].旅游与摄影,2021(20):88-89.

[50] 裴爱香.应用型旅游管理专业双师型教师队伍建设研究[J].中国科教创新导刊,2013(14):233.

[51] 彭菲,徐红罡.高等教育内涵式发展与对文旅人才培养的反思[J].旅游论坛,2021,14(05):17-25.

[52] 彭敏.本科旅游专业国际化应用型人才的培养研究[J].北京城市学院学报,2010(06):45-48.

[53] 邱继勤,何兰青,黄诗敏.地方高校旅游国际化人才培养模式研究[J].大学,2021(29):18-21.

[54] 冉芳,张海彬.中国与泰国旅游高等教育的比较研究[J].科学咨询(教育科研),2023(10):35-37.

[55] 任唤麟,胡晓娟.我国高校国际化旅游人才培养研究现状与展望[J].淮北师范大学学报(哲学社会科学版),2017,38(05):130-133.

[56] 盛正发.我国旅游高等教育的反思[J].湘潭师范学院学报(社会科学版),2006(01):57-59.

[57] 宋红娟,陈文杰.海南应用型本科院校旅游管理专业课程设置研究[J].琼州学院学报,2011,18(06):57-58+60.

[58] 苏红霞,艾欣.基于供需关系的旅游类"一流专业"国际化人才培养模式协同创新研究[J].旅游纵览(下半月),2019(22):151-153.

[59] 孙建竹.新文科建设背景下旅游管理专业"政产学研"协同育人模式研究[J].辽宁科技学院学报,2022,24(05):35-37.

[60] 汤利华,赵鹏.构建旅游院校"产学研一体化"办学模式的几个问题探析——以北京联合大学旅游学院为例[J].旅游学刊,2006(S1):80-85.

[61] 唐志国,刘海玲.旅游企业对国际化旅游人才职业核心能力的需求分析[J].山东商业职业技术学院学报,2012,12(02):1-4+9.

[62] 田冬雨.数智化时代应用型本科旅游管理专业人才培养改革探究[J].西部旅游,2023(12):76-78.

[63] 田里,刘亮.新文科背景下旅游高等教育课程体系构建[J].旅游学刊,2022,37(08):3-5.

[64] 王恒.创新创业教育与旅游应用型人才培养"五位一体"融合模式研究[A]2022中国旅游科学年会论文集:旅游人才建设与青年人才培养[C].中国旅游研究院,中国旅游研究院,2022.

[65] 王会战.应用型改革背景下旅游管理专业实践教学体系优化研究[J].三门峡职业技术学院学报,2019,18(02):47-51+62.

[66] 王丽霞.智慧旅游背景下的应用型本科课程设置优化研究——以旅游管理专业为例[J].教育现代化,2018,5(48):168-170+221.

[67] 王乔俊.创新创业背景下应用型本科院校旅游管理专业实践教学体系的构建探讨[J].现代职业教育,2019(08):92-93.

[68] 王帅辉.产业融合背景下国外旅游高等教育改革经验与启示[J].中国市场,2016(47):194-196.

[69] 王玉.中国与瑞士旅游高等教育课程体系的差异分析[J].商业经济,2011(10):124-125.

[70] 文凌云.基于职业经理人目标的广西旅游管理应用型人才培养保障体系构建[J].旅游纵览(下半月),2019(08):224-225.

[71] 乌永志.旅游高等教育人才培养现状与教学模式创新[J].成才之路,2015(01):66-67.

[72] 吴忠才,李安琪.旅游管理专业硕士研究生创新创业能力培养模式研究[J].创新创业理论研究与实践,2022,5(24):117-119.

[73] 夏赞才,任燕.旅游伦理:旅游高等教育中重大缺失[J].湖南师范大学教育科学学报,2008(02):122-126.

[74] 肖璇.旅游高等教育师资国际化水平发展研究[J].科技视界,2015(07):41-42.

[75] 谢春山,睢潮.2000—2020年我国旅游高等教育研究述评与展

望[J].辽宁师范大学学报(社会科学版),2022,45(03):65-74.

[76]谢彦君.中国旅游高等教育中的教材建设问题[J].旅游学刊,2008(01):5-6.

[77]邢瑞雪.中英旅游高等教育课程体系的比较分析[D].东北师范大学,2015.

[78]熊礼明,薛其林.高校旅游管理专业产学研人才培养模式构建探讨[J].长沙大学学报,2016,30(06):138-141.

[79]许静娜.环杭州湾区国际化旅游人才评价与对策[J].浙江万里学院学报,2021,34(02):1-6.

[80]许丽萍.分类思维下的德国旅游高等教育培养目标探讨[J].旅游纵览(下半月),2017(16):250+253.

[81]许霞.应用型本科旅游管理专业课程设置研究[J].亚太教育,2015(14):163-164.

[82]杨芳.应用型高校旅游管理专业外向型人才培养课程设置研究[J].高教学刊,2019(10):148-150.

[83]杨晶晶.新时代一流旅游本科教育:政产学研合作中不断提升和完善[J].旅游学刊,2020,35(05):9-11.

[84]杨娟娟.创新创业教育与旅游管理专业教育的有机融合——以"餐饮服务与管理"课程为例[J].西部旅游,2023(16):97-99.

[85]杨丽婷.基于校企联盟的高校旅游管理专业创新创业人才培养模式研究[D].沈阳师范大学,2018.

[86]杨贤敏.应用型高校旅游管理专业产学合作探究[J].西部旅游,2023(08):100-102.

[87]尹乐,孟毛妮.旅游类专业创新创业教育质量评价研究[J].四川旅游学院学报,2023(01):90-95.

[88]尤嘉,王兆峰.红色文化融入研究生创新创业教育的路径探索——以旅游管理专业研究生教育为例[J].怀化学院学报,2021,40(06):116-119.

[89]张贝尔,黄岚.应用型本科旅游院校实践教学的探讨[J].吉林工商学院学报,2019,35(06):110-112.

[90]张丹宇.高校旅游管理专业应用型创新人才培养模式[J].学术探索,2015(02):73-77.

[91]张森林.我国旅游高等教育的产生与发展[J].四川旅游学院学

报,2017(02):81-84.

[92] 张素梅.多因素协同下广西旅游院校创新创业教育体系建设研究与实践[J].大学,2021(34):158-160.

[93] 张亚倩.应用型本科高校旅游管理课程建设研究[J].教育现代化,2019,6(36):113-115.

[94] 张野,金疆.基于社会需求的应用型旅游管理专业本科人才培养方案研究——以河北民族师范学院为例[J].旅游纵览(下半月),2014(22):247-248.

[95] 张营.应用型本科旅游专业创新创业特色人才培养模式构建[J].度假旅游,2018(12):147-148.

[96] 赵静,双海军,赵永青.应用型本科旅游专业"三维四能"实践教育模式研究[J].高教学刊,2023,9(29):129-134.

[97] 赵蕾,胡善风.创新创业能力培养目标下高校旅游人才培养模式研究——以荷兰萨克逊应用科技大学为例[J].黄山学院学报,2016,18(06):29-33.

[98] 周丽芳.试论"一带一路"倡议背景下国际化旅游人才的培养策略[J].广西教育,2020(46):86-88.